le guide de la femme enceinte

Marie-Claude Delahaye

le guide de la femme enceinte

• MARABOUT •

Sommaire

Introduction..5

Généralités..7

Premier mois..15

Deuxième mois..33

Troisième mois..59

Quatrième mois..77

Cinquième mois..93

Sixième mois...107

Septième mois..125

Huitième mois...137

Neuvième mois...149

Votre bébé est là..171

Conclusion..179

Annexes...181

Droits et démarches...182

Glossaire...186

Index..189

Avertissement

Ce guide pratique de la grossesse va vous tenir compagnie pendant 9 mois. Il vous donnera de précieuses indications sur le développement de votre bébé et sur ce qui se passe en vous durant ces 9 mois. Ce n'est en aucun cas un guide médical fait pour remplacer votre médecin. Il est, au contraire, conçu pour vous tenir en éveil, vous alerter des anomalies qui pourraient survenir au cours de votre grossesse et vous inciter à consulter au plus vite votre médecin au moindre malaise. Tout au long de votre grossesse, votre seul vrai guide reste le médecin qui vous suit.

Votre bébé est là, en vous. D'abord petite graine imperceptible, il grandit jour après jour et votre ventre qui s'arrondit au fil des mois vous indique sa croissance.

Vous êtes en train de vivre une aventure fabuleuse, celle de la vie.

Ne banalisez pas, par ignorance, cette chance unique qu'est la création d'un nouvel être humain mais au contraire, vivez intensément cette période magique en sachant constamment ce qui se passe en vous. Comment cette cellule précieuse que vous portez depuis le jour de votre propre naissance va-t-elle aboutir, une fois fécondée et au terme de multiples remaniements, au bébé que vous découvrirez le jour de sa naissance ?

La grossesse vous semblera moins inconfortable si vous en vivez consciemment et avec passion chaque étape, si vous suivez, semaine après semaine, le développement de votre bébé. Vous serez étonnée de la rapidité de ses progrès.

Et le jour de son arrivée dans le monde, quand enfin vous le serrerez dans vos bras, vous aurez le sentiment de le connaître déjà très bien. Il est vrai que vous aurez eu 266 jours pour cela !

Pour vous, le futur père

Vous aussi, vous êtes au début d'une nouvelle et grande aventure. Vous allez vivre avec votre compagne 9 mois intenses. 9 mois d'attente où bonheur, doute et quelquefois angoisse seront mêlés.

Alors que la future maman sentira au fil des mois son corps se modifier et votre enfant devenir plus présent, votre attention et votre disponibilité seront les premiers pas vers votre nouveau statut de père. Rassurez-la, communiquez-lui votre optimisme devant la vie qui s'annonce. Puis, quand votre bébé commencera à se manifester, caressez-le à travers le ventre de sa mère. Parlez-lui le plus souvent possible. Il vous entend et, à peine né, il reconnaîtra votre voix.

La paternité, tout comme la maternité, n'est pas un état inné. Certains hommes se sentent déjà père pendant la grossesse, d'autres ne ressentent cette réalité qu'à la vue de leur enfant. D'autres encore ont besoin de vivre des moments concrets avec lui. Quel que soit votre ressenti au cours de la grossesse, lorsque vous tiendrez votre bébé souriant aux anges dans vos bras, puis plus tard, votre enfant bien calé sur vos épaules ou courant à vos côtés, vous penserez : merci la vie !

Généralités

Les statistiques montrent que la grossesse a une durée variable. Théoriquement, elle dure en moyenne : 280 jours à partir du 1er jour des dernières règles ; 266 jours à partir du moment de la fécondation. Ces 266 jours représentent approximativement 9 mois du calendrier, soit 38 semaines. Cela correspond à l'âge réel du bébé. Les deux formules sont correctes et sont employées indifféremment dans la pratique courante. Néanmoins, c'est le premier calcul qui est retenu comme convention internationale pour tout ce qui concerne les données de la grossesse ; c'est lui qui est toujours indiqué par votre gynécologue. Il est en effet plus fiable car toute femme connaît avec précision le jour de ses dernières règles, alors que l'ovulation peut ne pas avoir lieu au 14e jour du cycle.

Connaître son corps

Avant de commencer une grossesse, il est important de connaître son corps. C'est de lui que va sortir la vie. Au cours de la grossesse, il va se modifier, vous occasionner quelques désagréments et petits malaises, vous encombrer aussi. Savoir pourquoi et comment ont lieu tous ces changements permet de les relativiser et de les accepter. Et puis la finalité est tellement belle : mettre au monde votre bébé.

À SAVOIR

Les semaines d'aménorrhée, c'est-à-dire sans règles, se comptent à partir du 1er jour des dernières règles.

Dès le début de grossesse, même supposée, supprimez le tabac, les alcools et les excitants et ne prenez aucun médicament.

Les organes reproducteurs

Quand on sait comment sont disposés et fonctionnent les organes nécessaires au développement d'une nouvelle vie, on est plus à même de suivre l'évolution de son corps et donc de surveiller sa grossesse. On peut ainsi réagir plus vite à la moindre anomalie.

Les ovaires

Ce sont les glandes sexuelles féminines. Ils ont la taille et la forme de deux grosses amandes et sont situés à droite et à gauche de l'utérus auquel ils sont attachés par un ligament souple. Un autre ligament les maintient aux trompes.

Les ovaires sécrètent les hormones sexuelles féminines – œstrogènes et progestérone –, indispensables au bon déroulement des cycles menstruels, de la grossesse ainsi qu'au bon fonctionnement des organes génitaux et de la physiologie de la femme en général. Elles libèrent des ovocytes, encore appelés ovules, qui sont les cellules reproductrices féminines.

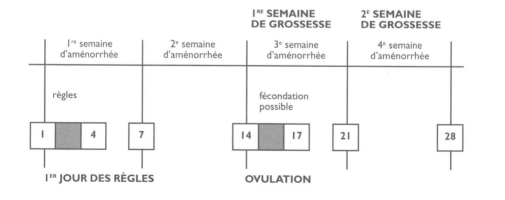

SEMAINES D'AMÉNORRHÉE	SEMAINES DE GROSSESSE	MOIS DE GROSSESSE
1		
2	fécondation 0	
3	1	
4	2	1er mois
5	3	
6	4	
7	5	
8	6	2e mois
9	7	
10	8	
11	9	
12	10	
13	11	3e mois
14	12	
15	13	
16	14	
17	15	4e mois
18	16	
19	17	
20	18	
21	19	
22	20	5e mois
23	21	
24	22	
25	23	
26	24	6e mois
27	25	
28	26	
29	27	
30	28	7e mois
31	29	
32	30	
33	31	
34	32	8e mois
35	33	
36	34	
37	35	
38	36	9e mois
39	37	
40	38	
41	39	naissance du bébé
42	40	

CONSEILS

La date de l'accouchement

Elle dépend de nombreux facteurs.

Elle sera correcte
- si vous vous souvenez avec certitude du 1er jour de vos dernières règles,
- si vous avez ovulé et conçu exactement 14 jours après,
- si vous accouchez 266 jours après votre fécondation.

Dans le pire des cas, votre date d'accouchement pourra varier de 2 semaines, dans un sens ou dans l'autre.

L'expérience montre que 90 % des femmes accouchent entre 276 et 296 jours, soit vers la fin de la 40e et le début de la 41e semaine d'aménorrhée. 25 % des femmes accouchent à 38 ou 39 semaines et 30 % n'accouchent qu'à la 42e ou 43e semaine.

Pendant votre grossesse, n'ayez pas peur de poser toutes les questions qui pour vous sont importantes.

Repérez d'un coup d'œil
la date de votre accouchement

Janvier	1	2	3	4	5	6	7	8	9	10	11	12	13	14	15
Octobre	15	16	17	18	19	20	21	22	23	24	25	26	27	28	29

Février	1	2	3	4	5	6	7	8	9	10	11	12	13	14	15
Nov.	15	16	17	18	19	20	21	22	23	24	25	26	27	28	29

Mars	1	2	3	4	5	6	7	8	9	10	11	12	13	14	15
Déc.	13	14	15	16	17	18	19	20	21	22	23	24	25	26	27

Avril	1	2	3	4	5	6	7	8	9	10	11	12	13	14	15
Janvier	13	14	15	16	17	18	19	20	21	22	23	24	25	26	27

Mai	1	2	3	4	5	6	7	8	9	10	11	12	13	14	15
Février	12	13	14	15	16	17	18	19	20	21	22	23	24	25	26

Juin	1	2	3	4	5	6	7	8	9	10	11	12	13	14	15
Mars	15	16	17	18	19	20	21	22	23	24	25	26	27	28	29

Juillet	1	2	3	4	5	6	7	8	9	10	11	12	13	14	15
Avril	14	15	16	17	18	19	20	21	22	23	24	25	26	27	28

Août	1	2	3	4	5	6	7	8	9	10	11	12	13	14	15
Mai	15	16	17	18	19	20	21	22	23	24	25	26	27	28	29

Sept.	1	2	3	4	5	6	7	8	9	10	11	12	13	14	15
Juin	14	15	16	17	18	19	20	21	22	23	24	25	26	27	28

Octobre	1	2	3	4	5	6	7	8	9	10	11	12	13	14	15
Juillet	14	15	16	17	18	19	20	21	22	23	24	25	26	27	28

Nov.	1	2	3	4	5	6	7	8	9	10	11	12	13	14	15
Août	14	15	16	17	18	19	20	21	22	23	24	25	26	27	28

Déc.	1	2	3	4	5	6	7	8	9	10	11	12	13	14	15
Sept.	13	14	15	16	17	18	19	20	21	22	23	24	25	26	27

○ 1ER JOUR DES DERNIÈRES RÈGLES

● EN COULEUR, DATE DE L'ACCOUCHEMENT

16	17	18	19	20	21	22	23	24	25	26	27	28	29	30	31	Janvier
30	31	1	2	3	4	5	6	7	8	9	10	11	12	13	14	Nov.

16	17	18	19	20	21	22	23	24	25	26	27	28				Février
30	1	2	3	4	5	6	7	8	9	10	11	12				Déc.

16	17	18	19	20	21	22	23	24	25	26	27	28	29	30	31	Mars
28	29	30	31	1	2	3	4	5	6	7	8	9	10	11	12	Janvier

16	17	18	19	20	21	22	23	24	25	26	27	28	29	30		Avril
28	29	30	31	1	2	3	4	5	6	7	8	9	10	11		Février

16	17	18	19	20	21	22	23	24	25	26	27	28	29	30	31	Mai
27	28	29	30	31	1	2	3	4	5	6	7	8	9	10	11	Mars

16	17	18	19	20	21	22	23	24	25	26	27	28	29	30		Juin
30	31	1	2	3	4	5	6	7	8	9	10	11	12	13		Avril

16	17	18	19	20	21	22	23	24	25	26	27	28	29	30	31	Juillet
29	30	1	2	3	4	5	6	7	8	9	10	11	12	13	14	Mai

16	17	18	19	20	21	22	23	24	25	26	27	28	29	30	31	Août
30	31	1	2	3	4	5	6	7	8	9	10	11	12	13		Juin

16	17	18	19	20	21	22	23	24	25	26	27	28	29	30		Sept.
29	30	1	2	3	4	5	6	7	8	9	10	11	12	13		Juillet

16	17	18	19	20	21	22	23	24	25	26	27	28	29	30	31	Octobre
29	30	31	1	2	3	4	5	6	7	8	9	10	11	12	13	Août

16	17	18	19	20	21	22	23	24	25	26	27	28	29	30		Nov.
29	30	31	1	2	3	4	5	6	7	8	9	10	11	12		Sept.

16	17	18	19	20	21	22	23	24	25	26	27	28	29	30	31	Déc.
28	29	30	1	2	3	4	5	6	7	8	9	10	11	12	13	Octobre

On appelle
« embryon »
l'enfant au tout
début de son
développement,
alors que ses
organes se
constituent.
Il est issu de l'œuf
qui s'est formé
dans l'organisme
de la mère
au moment
de la fécondation.

Les trompes de Fallope

Ce sont deux petits tubes creux et flexibles de 10 à 12 cm de longueur et dont le diamètre interne est à peine plus gros qu'un cheveu. Elles partent de chaque côté du fond supérieur de l'utérus et se terminent au niveau d'un ovaire par un pavillon muni de franges mobiles destinées à capter l'ovocyte dès son émission par l'ovaire.

Les trompes de Fallope permettent le transit des spermatozoïdes vers le lieu de fécondation situé dans leur tiers supérieur.
Elles entraînent l'ovocyte non fécondé vers l'utérus d'où il sera évacué et assurent, après la fécondation, la survie et le transport de l'œuf vers l'utérus où il s'implantera.

L'utérus

Muscle épais et virtuellement creux, ayant la forme et la taille d'une figue fraîche, l'utérus est considérablement remanié au cours de la grossesse. Situé à l'extrémité du vagin, il est retenu par des ligaments souples. Il est fermé à sa base par le col, resserrement étroit et dur de 3 cm de longueur environ, que l'on peut sentir avec les doigts au fond du vagin. Le col est traversé en son milieu par un fin canal qui met en communication le corps de l'utérus et le vagin. C'est par ce canal que s'écoule le flux menstruel. C'est par lui également que les spermatozoïdes déposés dans le vagin passent dans l'utérus pour gagner les trompes, lieu de la fécondation.
À l'intérieur, le muscle utérin est recouvert d'une muqueuse appelée endomètre, périodiquement éliminée au moment des règles. Riche en vaisseaux sanguins et en glandes, elle accueillera l'œuf fécondé.

L'utérus permet l'ascension des spermatozoïdes grâce à la glaire cervicale sécrétée par les cellules du col. Il permet aussi la nidation de l'œuf et la formation du placenta par l'endomètre. Enfin, c'est parce que la paroi musculaire du corps utérin se contracte que l'accouchement est possible.

LES ORGANES GÉNITAUX DE LA FEMME

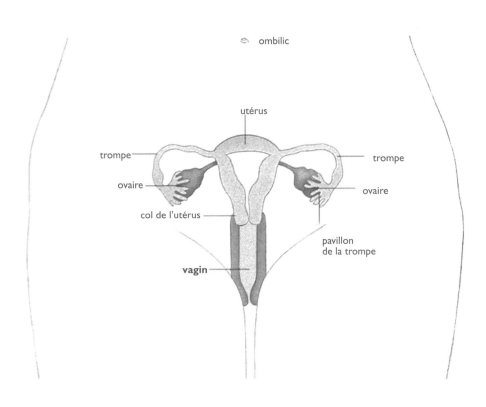

ombilic

utérus

trompe

trompe

ovaire

ovaire

col de l'utérus

pavillon
de la trompe

vagin

Premier mois

Ce premier mois de grossesse est une période clé dans votre vie. Comme chaque mois, une petite cellule va apparaître à la surface d'un de vos ovaires. Mais cette fois, c'est différent, elle va être fécondée! Dès cet instant, un processus inéluctable s'amorce : vous allez devenir mère. Rapidement, dès le début, votre corps va se transformer. Imperceptiblement, en profondeur et à votre insu. L'absence de règles marque cette transformation. Le fonctionnement de votre organisme qui était cyclique devient continu, entièrement dirigé vers cette finalité : la création d'un nouvel être vivant.

Ces changements dans votre corps sont sous la dépendance étroite des hormones de la gestation. Libérées en grande quantité, elles vont être la cause directe des nausées et petits malaises divers bien connus des femmes enceintes.

Acceptez ces ennuis en connaissance de cause, en gardant présent à l'esprit votre objectif : votre bébé. Il va faire d'étonnants progrès au cours de ce premier mois : de simple cellule, il va devenir un petit être de quelques millimètres avec un cœur qui bat.

> Du début de la 3ᵉ semaine depuis le premier jour des règles à la fin de la 6ᵉ semaine.

> Du jour 1 de la fécondation : 1ʳᵉ semaine de grossesse à la 4ᵉ semaine de grossesse.

La fécondation

La fécondation est la rencontre des deux cellules essentielles, l'ovocyte et le spermatozoïde. De la fusion de ces deux cellules naîtra un nouvel être humain : votre bébé.

1ER MOIS

Le 1er mois correspond à une période qui va :

● du début de la 3e semaine depuis le 1er jour de vos dernières règles jusqu'à la fin de la 6e semaine.

● du jour 1 de la fécondation, 1re semaine de grossesse, à la 4e semaine de grossesse.

Le retard de règles est généralement le premier signe qui indique un début de grossesse. Mais tout retard de règles ne signifie pas forcément une grossesse.

À SAVOIR

Cycle et ovulation

● Pour un cycle normal de 28 jours, l'ovulation se produit au 14e jour.

● Pour un cycle long de 35 jours, elle se produit au 21e jour.

● Pour un cycle court de 22 jours, elle se produit au 8e jour.

Les deux cellules qui vont donner la vie

L'**ovocyte** est la cellule maternelle. C'est la plus grosse cellule de l'organisme humain et la plus précieuse également. Non seulement elle porte en elle les réserves qui vont alimenter le tout jeune embryon mais elle détient surtout le programme génétique nécessaire à l'embryogenèse, c'est-à-dire la formation de tous les tissus à l'origine des organes eux-mêmes.

Cette cellule remarquable contient votre patrimoine génétique et celui de vos ascendants.

Le **spermatozoïde** est la cellule paternelle. Produite par les testicules de votre compagnon, elle est munie d'un long flagelle qui lui permet de remonter vos voies génitales jusqu'à la trompe où l'attend votre ovocyte. Le spermatozoïde contient le patrimoine génétique du futur père.

Ce sera votre bébé à tous les deux.

Indispensable à la fécondation de l'ovocyte, la cellule sexuelle masculine, ou spermatozoïde, est la plus petite cellule humaine.

Les spermatozoïdes sont produits par les testicules, glandes sexuelles masculines, en même temps que l'hormone mâle : la testostérone.

Contrairement à la femme qui naît avec toute sa réserve d'ovocytes, l'homme commence à fabriquer des spermatozoïdes seulement à l'âge de la puberté. Une production qui sera continue tout au long de la vie.

Lors d'un rapport sexuel, les spermatozoïdes sont éjectés, dilués dans un liquide sécrété par les vésicules séminales et la prostate, le tout formant le **sperme**. Non évacués, les spermatozoïdes survivent chez l'homme une trentaine de jours avant de mourir et d'être remplacés par d'autres.

La période de fécondation

La période de fécondation correspond à l'ovulation, c'est-à-dire à la libération d'un ovocyte par l'ovaire. Cette période dépend de la longueur des cycles.

Un cycle est compris entre le 1er jour des règles et le 1er jour des règles suivantes.

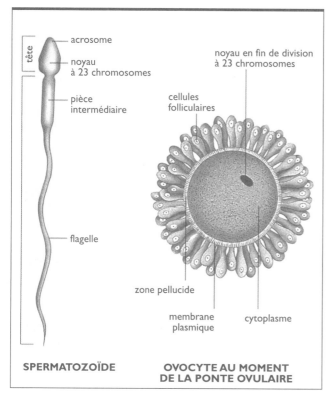

tête

acrosome

noyau
à 23 chromosomes

pièce
intermédiaire

flagelle

noyau en fin de division
à 23 chromosomes

cellules
folliculaires

zone pellucide

membrane
plasmique

cytoplasme

SPERMATOZOÏDE

**OVOCYTE AU MOMENT
DE LA PONTE OVULAIRE**

Pour connaître votre période d'ovulation, le plus simple est de faire un test d'ovulation. Acheté en pharmacie, il indique 24 heures avant la date présumée que vous allez ovuler.

Le mécanisme de la fécondation

La fécondation est la rencontre de l'ovocyte et du spermatozoïde. Elle peut avoir lieu le jour de l'ovulation ou différer au plus de 48 heures, suivant le moment du rapport sexuel.

Au cours de ce rapport sexuel, quelque 60 à 500 millions de spermatozoïdes sont déposés dans le vagin. Mobiles, grâce à leur flagelle ils s'engagent dans la glaire cervicale, traversent le col de l'utérus en 2 à 10 min puis atteignent la partie supérieure des trompes, lieu de la fécondation, en 1 h 30 à 2 h.

Tous n'arriveront pas à destination. Seuls 100 à 200 se presseront autour de l'ovocyte qui les attend.

Il y a beaucoup d'appelés et peu d'élus ! Un seul franchira la barrière de la zone pellucide qui entoure l'ovocyte, et les deux cellules entreront alors en contact.

Dès sa pénétration dans l'ovocyte, le spermatozoïde perd son flagelle qui dégénère ; son noyau, présent dans sa tête et qui

La fécondation
peut avoir lieu le jour
même de l'ovulation
ou différer de
48 heures, suivant
le moment du rapport
sexuel.

Peut-on choisir le sexe de son enfant ?

Expérimentalement, on sait trier les spermatozoïdes «filles» et «garçons», mais ce n'est pas applicable en pratique courante, ne serait-ce que pour des raisons d'éthique. Les méthodes traditionnelles sont aléatoires. Elles consistent à changer le taux d'acidité du milieu vaginal par une injection pratiquée avant le rapport sexuel, composée d'eau diluée de vinaigre si l'on désire une fille ou de bicarbonate de soude si l'on préfère un garçon. Une méthode fondée sur un régime alimentaire différant suivant le sexe désiré de l'enfant peut être envisagée sous contrôle médical. Mais la contrainte qu'il implique, sans garantie de résultat, ne mérite peut-être pas que l'on s'y attarde. Mais une question à se poser est : pourquoi veut-on choisir le sexe de son enfant ? Un enfant n'est-il pas le plus beau des cadeaux que puisse offrir la nature ? Alors, laissons faire celle-ci…

Le sexe de votre bébé, ainsi que toutes ses caractéristiques, sont définis dès la fécondation.

contient les chromosomes, augmente de volume. L'ovocyte, quant à lui, sort de son état d'inertie et devient apte à se lancer dans la grande aventure de la création.

Les deux noyaux, celui du père et celui de la mère, se rapprochent, se touchent et fusionnent. Ils forment dès à présent une cellule unique qui est la première cellule de votre bébé.

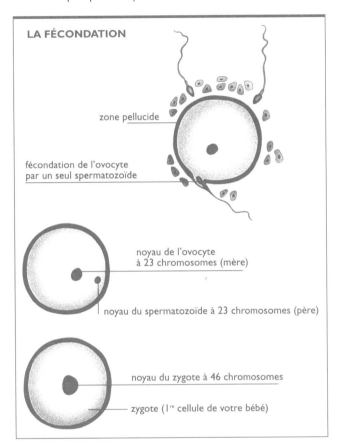

LA FÉCONDATION

zone pellucide

fécondation de l'ovocyte par un seul spermatozoïde

noyau de l'ovocyte à 23 chromosomes (mère)

noyau du spermatozoïde à 23 chromosomes (père)

noyau du zygote à 46 chromosomes

zygote (1re cellule de votre bébé)

L'héritage génétique de votre enfant

Toutes les caractéristiques de votre bébé sont définies dès la fécondation. Peu de temps après la fusion de l'ovocyte et du spermatozoïde, les chromosomes maternels et paternels se rapprochent par paires et les gènes qu'ils portent s'expriment ou pas, suivant qu'ils sont dominants ou récessifs.

Un enfant aura de cette façon, en héritage, un mélange de caractères de ses parents et de leurs ascendants. Mais comme les chromosomes s'apparient au hasard, votre bébé sera, malgré tout, différent de vous et de ses frères et sœurs. Ce sera un être unique.

Le sexe du bébé

Le sexe de votre bébé se décide à la fécondation. Au moment où un spermatozoïde pénètre dans l'ovocyte, les jeux sont faits. Chaque espèce est caractérisée par un certain nombre de chromosomes, porteurs des gènes qui régissent l'anatomie, la physiologie, voire le comportement des individus.

Toutes les cellules de l'espèce humaine possèdent 44 chromosomes + 2 chromosomes sexuels.

Pour une femme, la formule chromosomique est : 44 chr. + XX. Pour un homme, la formule chromosomique est : 44 chr. + XY. Les cellules sexuelles possèdent les chromosomes en un seul exemplaire. Par conséquent, il existe

• 1 seule sorte d'ovocyte : 22 chr. + X
• 2 sortes de spermatozoïdes : 22 chr. + X ou 22 chr. + Y

Au cours de la fécondation, ovocyte et spermatozoïde fusionnent. La formule chromosomique qui en résulte détermine le sexe de l'enfant :

• 22 chr. + X + 22 chr. + X = 44 chr. + XX : c'est une fille !
• 22 chr. + X + 22 chr. + Y = 44 chr. + XY : c'est un garçon !

Que se passe-t-il dans le cas des jumeaux ?

• **Pour les faux jumeaux**, il y a 2 ovocytes différents fécondés par 2 spermatozoïdes différents. Les deux enfants peuvent être de même sexe ou de sexe différent. Ils ne se ressembleront ni plus, ni moins que des frères et sœurs.

• **Pour les vrais jumeaux** (le tiers des grossesses gémellaires), un seul spermatozoïde féconde un seul ovocyte. Il en résulte un œuf unique qui va se scinder en deux, formant deux œufs absolument identiques.

Les vrais jumeaux sont toujours du même sexe et se ressemblent étrangement.

L'assistance médicale à la procréation

La fécondation rencontre quelquefois des difficultés pour des causes qui sont liées indifféremment à la future mère ou au futur père. Dans ce cas, l'assistance médicale à la procréation (AMP) est là pour vous aider. La technique utilisée dépendra naturellement du problème que vous rencontrez.

Deux techniques sont utilisées :

– la fécondation *in vitro*
– et l'insémination artificielle.

À SAVOIR
La couleur des yeux
La couleur des yeux d'un enfant est difficilement prévisible car plus d'une vingtaine de gènes régissent la couleur de l'œil et toutes les variantes sont possibles. Néanmoins,

• des parents ayant tous les deux les yeux marron peuvent donner naissance à des enfants aux yeux bleus. Il suffit de voir s'il y a des yeux bleus parmi les ascendants ou les collatéraux.

• des parents ayant tous les deux les yeux bleus auront des enfants aux yeux bleus. Il ne faut cependant pas exclure le fait qu'au cours des générations, de légères mutations peuvent intervenir, favorisant ainsi l'apparition d'un enfant aux yeux marron dans une famille aux yeux clairs.

À SAVOIR
Le groupe sanguin
D'origine génétique lui aussi, le groupe sanguin est déjà défini dans la première cellule de votre bébé qu'est le zygote.
Il dépend donc nécessairement de l'un ou l'autre parent.

Au cours du rapport sexuel, quelque 60 à 500 millions de spermatozoïdes sont déposés dans le vagin.

À SAVOIR
L'AMP

L'AMP est prise en charge à 100 % par la Sécurité sociale, après entente préalable demandée par le médecin.

Pour bénéficier d'une Fivete ou d'une IA, il faut prouver :

● que le couple est hétérosexuel, marié ou en concubinage, faisant vie commune depuis au moins 2 ans,

● que les 2 conjoints sont vivants et en âge de procréer.

Le taux de réussite de la Fivete est peu élevé : seulement 10 à 15 % des embryons implantés donnent naissance à des bébés.

À SAVOIR
Stérilité

● 3 fois sur 10, les raisons d'un échec de la conception sont purement féminines ;

● 2 fois sur 10, elles sont purement masculines.

● Dans 50 % des cas, elles sont partagées.

La fécondation *in vitro* et transfert d'embryons, ou Fivete

Il s'agit d'une fécondation réalisée à l'extérieur de l'organisme maternel mais avec l'ovocyte de la mère et les spermatozoïdes du père.

La Fivete est pratiquée quand les trompes sont bouchées à la suite d'infections répétées ou après des grossesses extra-utérines ayant abîmé les trompes.

On provoque l'ovulation par injection d'hormones. Les ovocytes sont recueillis par ponction. Celle-ci ne nécessite plus de cœlioscopie.

Les spermatozoïdes sont recueillis par masturbation. Ils subissent un traitement spécifique qui leur donne leur pouvoir fécondant. Plusieurs ovocytes et plusieurs milliers de spermatozoïdes sont mis en présence dans une éprouvette contenant un milieu adéquat. Ils sont placés dans une étuve à 37 °C pendant 48 heures. La fécondation puis les premières divisions ont lieu. Un petit embryon de 4 ou 8 cellules sera implanté dans l'utérus où il pourra poursuivre son développement.

Le taux de réussite de la Fivete est peu élevé puisque seulement 10 à 15 % des embryons implantés donnent naissance à des bébés.

Le GIFT

Il s'agit d'une technique utilisée lorsque la trompe est bonne mais que son pavillon est incapable de capter l'ovocyte.

Dans ce cas, on prélève l'ovocyte directement dans l'ovaire puis on le place dans la trompe avec des spermatozoïdes préparés. Se fait sous cœlioscopie.

Le ZIFT, ou zygote intra fallopian transfert

Le petit embryon de 4 à 8 cellules obtenu par fécondation *in vitro* est directement placé dans la trompe, sous cœlioscopie. Il descend naturellement dans l'utérus où, quelques jours plus tard, il s'implantera dans la muqueuse.

• L'ICSI, ou intracytoplasmic spermatozoïd injection

Elle tend à remplacer de plus en plus la FIV classique.

Après prélèvement des ovocytes obtenus à la suite d'une stimulation ovarienne, on introduit un seul spermatozoïde, choisi parmi les plus mobiles, directement dans un ovocyte à l'aide d'une pipette. Deux ou trois embryons obtenus ainsi sont alors transférés directement dans l'utérus.

20 % des FIV-ICSI sont suivies de naissances contre 17 % pour la FIV classique. Ce chiffre de 20 % est proche des conditions

normales de procréation puisqu'on estime qu'un couple fertile de moins de 30 ans a 25 % de chance par cycle d'obtenir une grossesse.

L'insémination artificielle (IA)

Elle est pratiquée lorsque la difficulté est liée au futur père, soit qu'il souffre d'impuissance, soit que son sperme, trop pauvre, nécessite d'être concentré.
Les spermatozoïdes sont déposés directement à l'intérieur de la cavité utérine, par voie naturelle.
Deux ou trois inséminations sont pratiquées pendant la période d'ovulation. En cas d'échec, de nouvelles inséminations auront lieu au cycle suivant.
Avec du sperme frais, le taux de réussite de l'insémination artificielle est de 60 à 70 % dans les six mois.
Avec du sperme congelé, il est de 50 à 55 %.

L'IAD, ou insémination avec donneur

L'insémination peut être pratiquée avec le sperme d'un donneur anonyme dans le cas de stérilité du conjoint. Le couple désirant un enfant doit, dans ce cas, s'adresser au CECOS (voir encadré).

Le don de sperme et d'ovocyte par une tierce personne

Il est réservé aux couples stériles ou à ceux présentant un risque de transmission d'une maladie grave. Le don de gamètes ne peut être fait que par un couple ayant déjà un enfant. Il est anonyme et gratuit. Les gamètes ne seront utilisés qu'après congélation.
Le couple receveur reconnaît devant un juge ou un notaire l'impossibilité d'établir tout lien de filiation avec le donneur. Il reconnaît aussi la filiation maternelle du fait de l'accouchement et ne peut contester la filiation paternelle.

Le diagnostic préimplantatoire (DPI)

Il consiste à sélectionner les embryons obtenus par fécondation *in vitro*. Il s'adresse aux familles ayant une anomalie génétique identifiée chez l'un des deux conjoints ou chez un frère ou une sœur de l'enfant à naître.
Cette anomalie est liée au nombre de chromosomes ou concerne des maladies héréditaires : myopathie, muscoviscidose…

Les premières semaines de vie de votre bébé

La fécondation a eu lieu entre le 14ᵉ et le 17ᵉ jour de votre cycle, comptés à partir du 1ᵉʳ jour de vos dernières règles. Le jour de la fécondation est le jour 1 de votre bébé !

Les précautions particulières de début de grossesse

Après la fécondation, plusieurs étapes vont ensuite se succéder.
• La **segmentation**, entre 30 et 50 heures après la fécondation. Votre bébé est alors une petite boule de 16 cellules.
• La **migration vers l'utérus**, entre le 3ᵉ et le 6ᵉ jour.
• La **nidation** dans la muqueuse utérine au 7ᵉ jour. Votre bébé s'installe là, en vous, pour 9 mois.

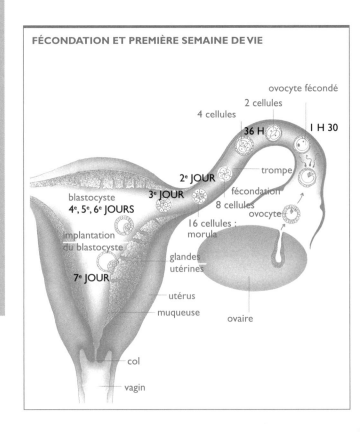

FÉCONDATION ET PREMIÈRE SEMAINE DE VIE

ovocyte fécondé
2 cellules
4 cellules
36 H
I H 30
trompe
2ᵉ JOUR
fécondation
3ᵉ JOUR
8 cellules
blastocyste
4ᵉ, 5ᵉ, 6ᵉ JOURS
ovocyte
16 cellules : morula
implantation du blastocyste
glandes utérines
7ᵉ JOUR
utérus
muqueuse
ovaire
col
vagin

À ce stade précoce du développement de votre bébé qu'est le premier mois, les cellules germinales qui le composent sont très sensibles aux agents pouvant provoquer des anomalies.

Pour cela, vous éviterez :
• **tout examen radiologique.** Une exposition aux rayons X peut avoir des conséquences imprévues sur le futur embryon.
• **toute automédication.** Un médicament même bénin peut être dangereux en début de grossesse. Aussi, ne faites pas d'automédication comme le font 20 % des femmes enceintes. À l'inverse, lorsqu'un traitement vous est prescrit, il est nécessaire de le suivre, notamment pour une pathologie grave. À sa naissance, votre bébé fera l'objet d'une prise en charge particulière.
Quelques médicaments d'usage courant sont à proscrire pendant la grossesse :
• les **antalgiques** banaux de la classe des anti-inflammatoires non stéroïdiens comme l'aspirine, l'ibuprofène, qui sont susceptibles d'entraîner des atteintes rénales ou cardiaques du bébé, à partir du deuxième trimestre de la grossesse.
• les **somnifères** et les tranquillisants de la famille des benzodiazépines à la fin de la grossesse, qui peuvent perturber les mécanismes d'adaptation respiratoire et alimentaire du nouveau-né.
• **la respiration et la manipulation de produits toxiques.** N'utilisez pas de solvants, détachants, teintures, peintures et, d'une manière générale, tout produit chimique pouvant être facilement inhalé.
• **la fréquentation de malades contagieux.** De nombreux virus de maladies infantiles peuvent induire des malformations. C'est le cas de la **varicelle.** Elle est transmissible 14 jours avant l'éruption cutanée et jusqu'à la cicatrisation. Outre la possibilité d'entraîner une fausse couche, la varicelle est préoccupante au 1er trimestre, période de formation des organes et à l'approche de l'accouchement.
Parmi les bébés de mères contaminées, moins de 1 % souffrira d'hypotrophie ou de malformations contre 1 bébé sur 2 dans le cas de la **rubéole.** En effet, cette maladie normalement bénigne, entraîne de graves malformations du fœtus si elle est développée au cours du 1er trimestre de la grossesse. Dans le cas d'une rubéole reconnue de façon incontestable, l'interruption de grossesse est autorisée au cours des 4 premiers mois.
• Enfin, évitez de vous promener sous les arbres ou dans les hautes herbes pour ne pas risquer d'être piquée par une tique. Les tiques peuvent en effet être infectées par une bactérie qui communique la **maladie de Lyme.** Cette maladie se manifeste par de la fièvre et ses conséquences sont encore mal connues sur le fœtus. Si vous avez été piquée, vous verrez une petit boule noire

Contrôlez votre température au moindre doute. Méfiez-vous des médicaments que vous preniez de façon habituelle avant la grossesse ; ils peuvent devenir dangereux pour votre bébé. Ne prenez aucun médicament sans l'accord d'un médecin à qui vous aurez signalé que vous êtes enceinte.

Si vous séjournez en atmosphère polluée par la fumée de tabac, vous serez imprégnée presque autant que les fumeurs eux-mêmes des substances toxiques contenues dans la fumée.

À SAVOIR
Grossesse extra-utérine

Étant donné la recrudescence des maladies sexuellement transmissibles, on compte actuellement 1 GEU pour 150 accouchements. C'est donc un problème relativement fréquent pour lequel il vaut mieux être averti car il y va de la vie d'une femme.

Dans le cas où la trompe très abîmée devrait être retirée, une future maternité ne sera pas compromise puisqu'une seule trompe suffit pour assurer une grossesse. La nouvelle grossesse sera particulièrement surveillée car le risque de récidive est important. L'usage ultérieur du stérilet comme moyen de contraception sera totalement proscrit afin d'éviter tout risque d'infection pouvant endommager la trompe restante.

collée sur votre peau. Anesthésiez-la avec de l'éther avant de la retirer avec une pince à épiler en vérifiant que le rostre vienne avec le reste du corps. Signalez l'incident à votre médecin.

Repensez votre hygiène de vie

À présent que vous attendez un bébé, vous devez agir en pensant à lui. C'est au cours des deux premiers mois de grossesse que se constituent l'ensemble de ses organes. C'est par conséquent une période à haut risque pour lui. Il mérite que vous fassiez quelques sacrifices :

Supprimez complètement l'alcool et le tabac et diminuez le café.
Au-delà d'une certaine dose, ils entraînent des risques d'hypotrophie, c'est-à-dire de retard dans le développement du fœtus par malnutrition.

Supprimez toute boisson alcoolisée

L'alcool traverse le placenta et perturbe gravement le métabolisme cellulaire de l'embryon, d'autant plus que son foie n'est pas en mesure de le dégrader.

L'alcoolisme est responsable de malnutrition, de retards dans le développement (l'alcool est la 1re cause non génétique de retard mental chez l'enfant), de malformations graves, en particulier cardiaques. Un enfant né de mère alcoolique se reconnaît à la naissance. Il présente un faciès particulier avec le front bombé, le menton fuyant, le nez écrasé. Particulièrement agité les jours qui suivent la naissance, ce nouveau-né est en fait en manque d'alcool. Ce handicap de départ le suivra toute sa vie. Au retard physique s'ajoutera un retard intellectuel.

Arrêtez de fumer

Le tabagisme de la mère fait courir à son bébé une augmentation des troubles bronchio-pulmonaires mais surtout un risque accru de mort subite du nourrisson – le risque serait multiplié par 2.

De plus, les enfants de fumeuses naissent souvent prématurément ou se présentent par le siège au moment de l'accouchement.

Quant à la drogue, aucune n'est anodine. Qu'il s'agisse d'une drogue dure ou dite douce, elle passe systématiquement de la mère à l'enfant. Non seulement les complications au cours de la grossesse augmentent, mais, de plus, l'enfant est très touché. Il naît le plus souvent prématurément, en état de détresse respiratoire et avec des tremblements incoercibles, suivant la gravité. Les retards psychiques et moteurs sont irréversibles.

Diminuez le café

À partir de 5 tasses par jour, la consommation de café a les mêmes conséquences que celle du tabac.

La grossesse extra-utérine (GEU)

Une grossesse extra-utérine est l'implantation et le développement de l'œuf en dehors de la cavité utérine. La forme la plus courante est la grossesse tubaire, c'est-à-dire dans la trompe. L'ovocyte est normalement fécondé dans le tiers supérieur de la trompe, puis entraîné vers la cavité utérine. S'il rencontre un obstacle, il s'arrête là et s'implante dans la muqueuse de la trompe. Il poursuit son développement sur place pendant 2, 3, voire 4 semaines, jusqu'à ce que la trompe hyperdistendue finisse par se rompre, entraînant une grave hémorragie interne.

L'obstacle dans la trompe est le plus souvent le résultat d'une infection ou salpingite, ayant laissé des adhérences cicatricielles. Suivant l'âge de la grossesse et l'état de la trompe, on pourra extraire l'œuf ou administrer localement une substance qui va le résorber, ce qui évitera l'ablation de la trompe.

Si vous êtes rhésus négatif

Chaque personne est caractérisée par son groupe sanguin et son facteur rhésus. L'importance du rhésus intervient au cours de la grossesse car si la mère est Rh- et le père Rh+, il y a risque d'incompatibilité fœtomaternelle.

Ce risque existe quand l'enfant est lui-même Rh+ comme son père, ce qui est possible 2 fois sur 3.

Dans ce cas précis de mère Rh- et de bébé Rh+ – 15 % de la population –, il ne se produit aucun accident au cours de la première grossesse. Si rien n'a été signalé, le problème apparaît lors d'une deuxième grossesse, avec un nouvel enfant Rh+.

La conduite à tenir est celle-ci :

• Connaître votre facteur rhésus et celui du père de votre enfant. À la naissance de votre bébé, on vérifiera son rhésus. S'il est Rh+, on vous fera l'immunisation par les gammaglobulines et vous n'aurez aucun problème pour votre deuxième bébé.

• Si vous avez eu, avant votre grossesse, une transfusion sanguine pour une raison quelconque, vous devez également le signaler à votre médecin. En cas d'erreur, toujours possible, si vous avez reçu un sang Rh+, vous possédez déjà des agglutinines anti-D, dangereuses pour votre bébé, aussi les recherchera-t-on par un examen de laboratoire. Vous faites, dans ce cas, partie des grossesses à risque et serez particulièrement surveillée.

Le groupe sanguin et le rhésus doivent être recherchés dès le début de la grossesse. Si vous êtes Rh- et le père Rh+, vous devez le signaler au médecin qui va suivre votre grossesse, afin que vous soyez efficacement surveillée.

Pour un 2e bébé, chaque mois, on recherchera l'existence d'anticorps anti-rhésus dans votre sang.

À SAVOIR

La maladie hémolytique du nouveau-né

Le traitement consiste à injecter à la mère Rh-, 72 h après l'accouchement, des gammaglobulines qui « nettoient » le sang maternel des substances agglutinogènes. Cette injection sera à renouveler après chaque nouvelle naissance, lorsque le bébé est Rh+.

L'évolution de votre bébé

La petite boule de cellules qui s'était implantée dans votre utérus 7 jours après la fécondation a beaucoup changé. Votre bébé possède à présent la forme d'un petit haricot. On dit que c'est un embryon.

À SAVOIR

Le placenta

C'est une structure dont le rôle essentiel est de permettre les échanges nutritifs et gazeux entre le sang maternel et celui du bébé. Avant d'être un organe bien différencié, il passe par des stades progressifs d'évolution.

À SAVOIR

La cavité amniotique

Plus couramment appelée la poche des eaux – dans laquelle vivra votre bébé pendant 9 mois –, la cavité amniotique se forme, au 8e jour, par éloignement du bouton embryonnaire et du trophoblaste (couche externe de l'œuf). Elle s'agrandira progressivement les jours suivants. Elle est limitée par une membrane appelée amnios.

La mise en place des principaux organes

C'est le début de l'organogenèse, c'est-à-dire la mise en place des principaux organes du bébé. Il a déjà un cœur primitif qui bat et du sang qui circule dans des vaisseaux sanguins. À deux semaines de retard de règles seulement !

Les bourgeons de ses membres antérieurs sont visibles, tandis que le système nerveux s'élabore avec la mise en place des bulbes, desquels dérivera le cerveau. La moelle épinière est déjà là. Les organes des sens commencent à s'élaborer et le bourgeon de la langue est lui aussi présent. Les principaux organes de la digestion bourgeonnent à partir d'un long tube qui traverse tout l'embryon, tandis que se forme l'ébauche de la vessie.

À la fin de ce premier mois, votre bébé flotte à présent dans la cavité amniotique remplie de liquide, relié à la partie externe de l'œuf par le cordon ombilical en formation.

FIN DE LA 4E SEMAINE DEPUIS LA FÉCONDATION : VOTRE BÉBÉ FLOTTE DANS LA CAVITÉ AMNIOTIQUE..

L'œuf, en se développant, fera de plus en plus saillie dans la cavité utérine. Il est recouvert de deux couches de tissus : la caduque et le chorion.

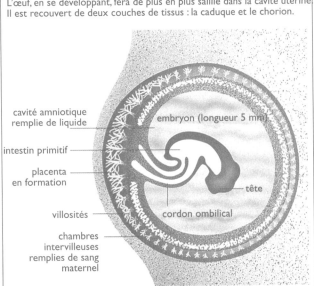

cavité amniotique remplie de liquide — embryon (longueur 5 mm) — intestin primitif — placenta en formation — tête — villosités — cordon ombilical — chambres intervilleuses remplies de sang maternel

LES ORGANES DE BÉBÉ À LA 4E SEMAINE

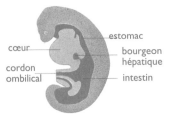

cœur — estomac — bourgeon hépatique — cordon ombilical — intestin

LE 1ᴱᴿ MOIS DE VOTRE BÉBÉ

Âge de votre bébé	Jour 1	Jours 2 à 7	2ᵉ semaine	3ᵉ semaine	4ᵉ semaine
SA TAILLE	Taille de l'ovocyte : 150 millièmes de mm	0,1 mm	0,2 mm	1,5 à 2 mm	2 à 5 mm
SON POIDS					mutiplié par 10 000.
SON DÉVELOPPEMENT	Conception de votre bébé par la fécondation, c'est-à-dire la fusion d'un ovocyte et d'un spermatozoïde.	Migration de l'œuf dans l'utérus et implantation dans la muqueuse utérine.	Formation du disque embryonnaire à plusieurs couches cellulaires qui seront à l'origine de tous les tissus.	Renflement pour la future tête. Cœur primitif qui bat.	Début de l'organogenèse. Tête et queue distinctes. Apparition des bourgeons des membres. Ébauche de nombreux organes internes. Début de circulation sanguine. Ébauche de l'oreille interne, de l'œil de la langue. Présence de la moelle épinière.
OBSERVATIONS GÉNÉRALES			Votre bébé n'est plus un œuf mais un embryon.	Courbure de l'embryon.	La circulation fœto-maternelle est établie. Votre bébé flotte dans la cavité amniotique.

Que s'est-il passé en vous ?

Vos règles ont déjà 2 semaines de retard. Quels sont les phénomènes physiologiques liés à la grossesse ? les désagréments ?

Les nausées sont nombreuses, surtout le matin au réveil. Si vous êtes fatiguée, faites régulièrement des pauses ou bien si vous le pouvez, une sieste. Vous avez besoin de repos. Les tiraillements dans le bas-ventre sont le fait du développement de l'utérus qui tire sur les ligaments. Asseyez-vous ou mieux, allongez-vous dès que possible.

Les modifications physiologiques

Vos seins ont augmenté de volume. Ils sont gonflés et doulou-reux. Vous avez parfois des sensations de picotement au niveau du mamelon. Celui-ci est d'ailleurs plus saillant au centre de l'aréole qui l'entoure. Elle-même s'élargit et les petites glandes de Montgomery qui la parsèment prennent du relief.

Votre utérus a également augmenté légèrement de volume. Il a à présent la taille d'une grosse mandarine.

La glaire cervicale s'est coagulée au niveau du col sous l'effet des hormones de la gestation et forme le bouchon muqueux qui obture complètement l'entrée de la cavité utérine.

Votre température matinale est supérieure à 37 °C. Elle le restera jusqu'au 4e mois.

Les petits désagréments

Dus à une surproduction d'hormones, ces désagréments sont à peu près constants chez la plupart des femmes.

• Les **nausées** sont nombreuses, surtout le matin au réveil. Elles peuvent aller jusqu'au vomissement. Vous manquez d'appétit et vos digestions sont pénibles.

• Vous souffrez de **troubles du sommeil**. Vous avez des insom-nies ou des envies irrépressibles de dormir au cours de la jour-née.

• Vous êtes **fatiguée** et sans entrain.

• Vous avez de **fréquentes envies d'uriner** dues à la pression de l'utérus sur la vessie. Elles cesseront quand l'utérus se dévelop-pera vers le haut, dans quelque temps.

• Vous avez des **tiraillements dans le bas-ventre**. Ils sont le fait du développement de l'utérus qui tire sur les ligaments.

Ne vous faites pas de soucis. Tout cela est parfaitement normal, votre corps s'organise. C'est le signe que votre bébé s'installe.

Une question à vous poser dès aujourd'hui : où accoucher ?

On peut bien sûr accoucher chez soi. Rien ne s'y oppose mais il faut cependant en connaître tous les risques. Même dans le cas d'une grossesse très bien surveillée, des problèmes peuvent surgir au dernier moment et de minimes, devenir très graves. Il faut dans tous les cas pouvoir pratiquer, en urgence, une anesthésie, une intervention chirurgicale, une réanimation. Et ce n'est généralement pas chez soi que l'on peut le faire.

Dans une grande ville, vous avez le choix entre les services des centres hospitaliers régionaux ou universitaires, les hôpitaux généraux et les cliniques privées, agréées ou conventionnées. Dans une ville moyenne, vous avez le choix plus restreint de l'hôpital général et de la clinique privée.

Ce qui doit guider votre décision est avant tout la compétence du personnel soignant et l'équipement médical : y a-t-il un bloc opératoire avec un anesthésiste, un chirurgien ? Y a-t-il une couveuse ? Dans le cas contraire, où est transféré un bébé prématuré ?

Sur le plan financier

Si vous choisissez l'hôpital ou une clinique conventionnée, vous n'aurez rien à payer. Cependant, dans une clinique conventionnée, un dépassement d'honoraires est autorisé à l'accoucheur. Il n'est pas remboursé par la Sécurité sociale mais l'est quelquefois par une mutuelle. Les suppléments, tels qu'une chambre particulière, le téléphone ou la télévision, sont naturellement à votre charge.

Si vous préférez une clinique qui soit seulement agréée par la Sécurité sociale, vous devrez avancer tous les frais qui vous seront remboursés ensuite en partie, c'est-à-dire 70 % du tarif fixé par la convention.

Dans une clinique non agréée, vous ne serez remboursée de rien : ni des honoraires et frais médicaux, ni des frais de séjour.

Si vous accouchez chez vous, la caisse peut, après accord du contrôle médical, vous rembourser d'une part les honoraires et d'autre part les frais pharmaceutiques, selon les tarifs fixés.

À vous de choisir en toute connaissance de cause, pour une venue au monde de votre bébé en toute sécurité.

Le mummy blues

Chose inexplicable, alors que vous désiriez si fort ce bébé, vous avez soudain des idées moroses. C'est le mummy blues qui touche plus de 13 % des femmes enceintes.

Parlez-en sans honte à votre médecin et laissez tout doucement votre organisme s'habituer à ce nouvel état, à ces changements dans son organisation.

Voyez plus loin que ce moment, pensez à la future présence de votre bébé.

CONSEILS

Renseignez-vous

Voici quelques questions que vous devez poser avant de vous inscrire quelque part pour l'accouchement.

- Qu'y a-t-il de prévu dans le cadre de la préparation à l'accouchement ?

- Pratique-t-on l'anesthésie par péridurale ?

- Le père a-t-il le droit d'assister à l'accouchement ?

- Le bébé est-il ensuite dans votre chambre jour et nuit ou y a-t-il une pouponnière ?

- S'il n'y a pas de couveuse, un bébé prématuré est transporté avec l'aide du Samu pédiatrique ou en ambulance équipée d'une couveuse et avec une infirmière spécialisée ?

Au cours du premier mois, l'examen gynécologique n'est pas toujours concluant. C'est au cours du deuxième mois que les signes évidents d'une grossesse sont reconnaissables.

Le premier examen prénatal

Cet examen doit être pratiqué avant la fin du 3e mois.

Il consiste en un examen clinique, assorti d'examens de laboratoire. On recherche :

• l'albuminurie,
• la glycosurie,
• le groupe sanguin (A, B, O, phénotypes rhésus complet et Kell) si la carte du groupe sanguin ne comporte pas deux déterminations,
• des anticorps irréguliers.

On dépiste également :

• la syphilis,
• la rubéole,
• la toxoplasmose,
• éventuellement le sida.

Une échographie est généralement réalisée en début de grossesse, lorsque le retard de règles atteint près de 3 semaines. Elle permet de préciser la date de grossesse.

LE 1ᴱᴿ MOIS DE VOTRE GROSSESSE

Âge de la grossesse	Fin de la 2ᵉ semaine d'aménorrhée	3ᵉ semaine d'aménorrhée- 1ʳᵉ semaine de grossesse (jours 2 à 7)	4ᵉ semaine d'aménorrhée- 2ᵉ semaine de grossesse	3ᵉ semaine de grossesse	4ᵉ semaine de grossesse
OBSERVATIONS GÉNÉRALES	Ovulation. Fécondation : un de vos ovocytes fusionne avec un spermatozoïde.	Votre muqueuse utérine modifiée par la progestérone émise par le corps jaune (transformation du follicule qui contenait l'ovocyte) est prête à accueillir l'œuf. L'utérus a la taille d'une figue.	Le trophoblaste (couche externe de l'œuf) sécrète l'HCG qui maintient en activité le corps jaune.	Absence de règles.	L'aréole des seins est plus large et plus sombre. Elle est parsemée de petites glandes en relief.
SYMPTÔMES POSSIBLES				En cas de douleur de côté persistante dans le bas-ventre, voir le médecin en urgence : une grossesse extra-utérine est possible.	Température supérieure à 37 °C. Seins tendus. Nausées. Envies de dormir. Besoin fréquent d'uriner.
PRÉCAUTIONS À PRENDRE			Attention aux : – rayons X, – médicaments, – malades contagieux, – manipulations de produits toxiques.		
EXAMENS	Faire chez soi un test de grossesse.			Faire chez soi un nouveau test de grossesse.	
DÉMARCHES					Prendre un RV chez le médecin. S'inscrire dans une maternité.

Deuxième mois

Le deuxième mois de vie qui débute pour votre bébé va voir s'accélérer sa croissance : en l'espace de 4 semaines, sa taille va passer de 5 mm à plus de 3 cm !

Le processus d'organogenèse déjà amorcé va poursuivre son programme : tous les organes de votre bébé seront définitivement mis en place durant ces 4 semaines. Votre bébé réalise des merveilles : ses bras et ses jambes poussent ; son visage se forme avec la bouche, les yeux et les oreilles. À chaque instant du jour et de la nuit, de nouvelles cellules apparaissent, s'assemblant en nouvelles structures. La vie avance vite. À la fin de ce 2ᵉ mois, votre bébé ressemblera vraiment à un bébé humain. Pensez sans cesse à ce privilège qui est le vôtre : vous êtes en train de fabriquer une nouvelle vie.

> Du début de la 7ᵉ semaine depuis le 1ᵉʳ jour des dernières règles à la fin de la 10ᵉ semaine.

> Du début de la 5ᵉ semaine de grossesse à la fin de la 8ᵉ semaine de grossesse.

L'évolution de votre bébé

À la 6e semaine de grossesse, votre bébé est encore un petit haricot avec une grosse tête repliée sur sa poitrine. Son visage s'élabore rapidement par la confluence des bourgeons des mâchoires et du nez. Les yeux situés sur les côtés commencent à se rapprocher. Le nerf optique s'ébauche. Les mains et les pieds se présentent sous forme de palettes. À la fin du mois, les doigts et les orteils seront là.

2E MOIS

Le 2e mois correspond à une période qui va :

- du début de la 7e semaine depuis le 1er jour de vos dernières régles jusqu'à la fin de la 10e semaine.
- du début de la 5e semaine de grossesse à la fin de la 8e semaine de grossesse.

À 6 semaines, l'embryon mesure environ 1 centimètre. Des ébauches de bras et de jambes apparaissent.
Une semaine plus tard, la taille de l'embryon a doublé. Le cerveau prend forme, l'œil est décelable.

Les mensurations de votre bébé

Pour mesurer votre bébé, il existe deux méthodes standard. Au début de la grossesse, il est d'usage de mesurer la longueur prise entre un repère supérieur qui correspond au sommet de la tête, appelé vertex, et un repère inférieur qui est le sommet de la courbure de la queue, appelé repère lombaire. Après le 2e mois, le repère inférieur sera soit le coccyx, soit les talons, suivant le stade de développement.
Les mensurations données sont sujettes à des variations individuelles qui dépendent de facteurs génétiques ou nutritionnels.

L'ébauche des organes

Ses bras et ses jambes commencent à avoir du cartilage tandis que son visage se forme avec une bouche, des yeux et des oreilles, encore très primitifs, sous forme d'ébauches.
Le cœur de votre bébé s'est tellement développé au cours de

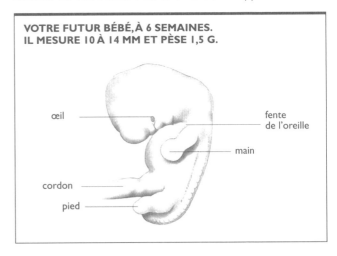

VOTRE FUTUR BÉBÉ, À 6 SEMAINES. IL MESURE 10 À 14 MM ET PÈSE 1,5 G.

œil — fente de l'oreille — main — cordon — pied

ces 4 premières semaines qu'il ne tient pas dans l'espace interne. Il forme une proéminence ventrale, sorte de petite bosse qui bat à son rythme. Le cœur de votre bébé a encore doublé à la fin de cette 5e semaine de grossesse.

À la 6e semaine de grossesse, le volume de la tête augmente et devient très important en comparaison avec le reste du corps. Elle est toujours très penchée sur la poitrine. Le visage s'affirme. À présent, votre bébé a une langue ! Déjà les paupières commencent à se former, le nerf optique est fonctionnel et les bourgeons dentaires sont présents. Les bras se plient aux coudes tandis que les doigts et les orteils s'individualisent. Le cœur de votre bébé bat maintenant à 80 battements par minute, qui peuvent être entendus par le doppler.

À SAVOIR

Normes de mensuration

- VL = du vertex au repère lombaire.
- VC = du vertex au coccyx.
- VT = du vertex aux talons.

Les battements du cœur de votre bébé peuvent être décelés par le doppler.
Il bat à 80 battements par minute.

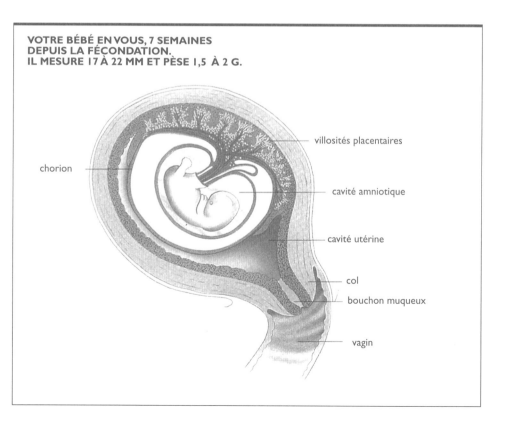

**VOTRE BÉBÉ EN VOUS, 7 SEMAINES DEPUIS LA FÉCONDATION.
IL MESURE 17 À 22 MM ET PÈSE 1,5 À 2 G.**

chorion

villosités placentaires

cavité amniotique

cavité utérine

col

bouchon muqueux

vagin

À la fin du 2ᵉ mois

Le poids du bébé est de 2 à 3 g et sa taille atteint le cap des 3 cm. Prenez votre mètre de couturière et regardez ce que représentent 3 cm ! Et pourtant, dans ces 3 cm, il y a déjà tout, ou presque : un cœur qui bat, des organes internes aux diverses fonctions et, dans la grosse tête qui commence à se redresser, le cerveau qui se construit peu à peu.

La période dite embryonnaire correspond au premier trimestre de la grossesse : c'est durant cette période que tous les organes se forment.

Il bouge !

Et l'incroyable se produit enfin : votre bébé bouge !

À la fin de la 8ᵉ semaine, il commence à se retourner sur lui-même. Ces mouvements sont purement réflexes car les muscles ne sont pas encore innervés et ne sont donc pas commandés par le cerveau. Ils se passent au plus profond de vous et malheureusement n'arrivent pas encore jusqu'à vous. Vous ne les percevez pas, pourtant ils sont bien réels puisqu'ils sont visibles à l'échographie. Vous sentirez votre bébé bouger seulement au 5ᵉ mois. Encore un peu de patience !

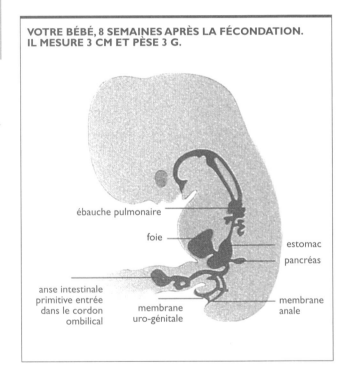

VOTRE BÉBÉ, 8 SEMAINES APRÈS LA FÉCONDATION. IL MESURE 3 CM ET PÈSE 3 G.

ébauche pulmonaire

foie

estomac

pancréas

anse intestinale primitive entrée dans le cordon ombilical

membrane uro-génitale

membrane anale

LE 2ᴱ MOIS DE VOTRE BÉBÉ

Âge de votre bébé	5ᵉ semaine	6ᵉ semaine	7ᵉ semaine	8ᵉ semaine
SA TAILLE	5 à 7 mm	10 à 14 mm	17 à 22 mm	3 cm
SON POIDS		1,5 g	1,5 à 2 g	2 à 3 g
SON DÉVELOPPEMENT	Développement rapide du cerveau : formation des hémisphères cérébraux. Bouche primitive et bourgeons des mâchoires, du nez et de l'odorat. Ébauche des yeux et des oreilles visible. Présence de précartilage dans les bourgeons des membres. Apparition d'un diverticule respiratoire. Estomac, foie, pancréas.	La tête est toujours très penchée sur la poitrine. Le visage s'affirme par la confluence des bourgeons des mâchoires et du nez. Présence de la langue. Mise en place de la lame dentaire. Ébauche du nerf optique. Élaboration de l'épiderme. Formation de la colonne vertébrale. Bras et jambes s'allongent. Formation des reins.	Rapprochement des yeux et formation des paupières, de la rétine et du cristallin de l'œil. Le nerf optique est fonctionnel. Formation de la thyroïde. Mise en place des premiers muscles. Les bras se plient aux coudes. Doigts et orteils se forment. Formation d'un canal ano-rectal et d'un canal uro-génital.	La tête commence à se redresser. Oreilles externes et bout du nez sont visibles. Formation du palais. Présence de 10 bourgeons dentaires par mâchoire. Les yeux ne sont pas encore recouverts par les paupières. Glandes salivaires. Mains et pieds définitifs. Pouce et index s'opposent. Le cœur est cloisonné en cœur droit et cœur gauche. Allongement de l'intestin. Une membrane anale et une membrane uro-génitale ferment les canaux excréteurs.
OBSERVATIONS GÉNÉRALES	Les battements du cœur peuvent être entendus à l'échographie.	Le sexe de votre bébé est encore indifférencié bien qu'il soit génétiquement défini.	Votre bébé a déjà des mouvements visibles à l'échographie.	Les battements du cœur sont perçus par le doppler. Ils sont de 80 par minute.

Votre évolution

Vos seins s'épanouissent, tandis que votre utérus se développe et s'oriente vers l'avant. L'hormone HCG, qui peut être détectée très rapidement après la conception et qui indique que vous êtes enceinte, atteint maintenant un taux maximal dans votre sang. Cela explique vos nausées, votre fatigue et tous les différents petits malaises qui vous assaillent. Acceptez ces quelques inconvénients, ils sont là pour vous rappeler que votre bébé est en vous. Pensez souvent à ce bonheur que malheureusement toutes les femmes ne peuvent connaître.

À SAVOIR

Petits malaises
S'ils surviennent généralement en fin de matinée ou 3 h après un repas, c'est que vous êtes probablement en hypoglycémie. Ne restez pas à jeun.

Les causes peuvent être différentes : un manque de calcium ou de magnésium ou un problème de tension artérielle.

Dans tous les cas, vous devez consulter votre médecin.
Ne prenez pas de remède contre les nausées sans l'avis de votre médecin.

Ne prenez jamais un médicament contre les nausées sans l'avis de votre médecin. Évitez les mouvements brusques au lever et fractionnez vos repas dans la journée.

Les petits maux

Vous pouvez souffrir :

• de **nausées**. Elles surviennent surtout le matin, à jeun, et d'une façon générale quand votre estomac est vide. Vous les diminuerez en faisant des repas plus légers mais plus fréquents ;

• d'une **salivation excessive** ;

• d'**aérophagie**, de **brûlures d'estomac**. Évitez de manger trop et supprimez tous les aliments riches en graisse – comme les fritures ; les aliments qui fermentent comme les choux et les légumes secs. Préférez les grillades, le poisson, les légumes verts cuits, les fruits et les laitages ;

• de **constipation** due à une paresse générale de tous les muscles lisses. Attention au risque d'hémorroïdes. Veillez à ce que votre alimentation soit riche en légumes verts crus et cuits, et en laitages du genre yaourts. Préférez le pain complet ou au son. Buvez beaucoup d'eau et ne prenez pas de laxatif sans l'avis de votre médecin ;

• d'une **mauvaise circulation du sang** avec la sensation d'avoir les jambes lourdes. Faites chaque jour une marche d'environ 30 minutes : c'est excellent pour régulariser la fonction intestinale et la circulation sanguine ;

• de **fourmillements**, fréquents la nuit, notamment dans les bras. Dans ce cas, faites quelques mouvements pour activer la circulation sanguine car ils sont dus à la compression d'une racine nerveuse ;

• de **crampes**, qui sont le fait d'une petite carence en vitamines B ou en magnésium.

Quelles que soient les douleurs que vous ressentiez, petites ou grandes, vous devez en parler à votre médecin.

Attention à la fausse couche

Les fausses couches sont assez fréquentes au cours du premier trimestre. La majorité d'entre elles, c'est-à-dire 70 % des avortements spontanés qui se produisent avant la fin du 2e mois, sont dues à des malformations de l'embryon, d'origine génétique. Cette fausse couche évite la venue au monde d'un enfant mal formé.

Les autres fausses couches ont des causes très diverses :
• une **insuffisance hormonale**, due à une déficience du corps jaune, glande située sur l'ovaire, qui sécrète de la progestérone responsable du maintien de la grossesse ;
• une **infection de la future mère**, comme la toxoplasmose.

Tant que vos seins restent tendus, que vos nausées persistent, c'est que la grossesse continue. Le médecin prévenu vous fera prendre des antispasmodiques et demandera le dosage quantitatif de l'hormone fœtale HCG circulant dans votre sang. Ce premier renseignement pourra être complété par une échographie.

Pour prévenir une fausse couche, évitez :
• le surmenage. Reposez-vous le plus souvent possible ;
• les gros efforts qui favorisent la contraction de l'utérus.
L'embryon encore mal arrimé dans la paroi de l'utérus risque d'être expulsé.

La première consultation obligatoire

La première consultation obligatoire doit avoir lieu avant la fin de la 14e semaine de grossesse, c'est-à-dire la fin du troisième mois. N'attendez pas ce 3e mois pour effectuer cette visite.
La fin du 2e mois est la bonne période pour se faire examiner soigneusement et faire les examens de laboratoire dont le résultat gagne à être connu le plus tôt possible pour un bon déroulement de la grossesse.

Au cours de cette première visite médicale, vous allez avoir :
• un **interrogatoire concernant votre âge, vos antécédents personnels et familiaux, vos habitudes de vie.** Vous devez signaler au médecin si vos parents ou ceux de votre mari sont diabétiques, cardiaques ; s'il existe dans l'une ou l'autre famille des maladies héréditaires d'origine génétique comme l'hémophilie ou la myopathie ;
• un **examen général complet** avec pesée, mensuration du bassin, prise de tension artérielle, auscultation complète cardiaque et pulmonaire ;

7 examens sont obligatoires : le premier avant 3 mois de grossesse, puis à partir du 4e mois, un examen mensuel jusqu'à l'accouchement.

Prévention hépatite B

○ Évitez de consommer huîtres, moules et crustacés.
○ Buvez de préférence de l'eau minérale.
○ Lavez très soigneusement légumes et fruits.

Prévention toxoplasmose
Si vous n'êtes pas immunisée :

○ Faites un sérodiagnostic toutes les 4 à 5 semaines pour détecter une éventuelle contamination.

○ Ne mangez pas de viande crue ou saignante. Il est à noter que le parasite est tué par la congélation.

○ Évitez la présence d'animaux domestiques, en particulier les chats qui sont porteurs du toxoplasme et le rejettent dans leurs excréments.

S'il est protégé dans l'utérus, votre bébé reste cependant vulnérable aux agents nuisibles, aux germes infectieux et aux substances toxiques. Il est donc indispensable que vous preniez un certain nombre de précautions.

• un **examen gynécologique** avec examen des seins, du col et du corps utérin et un prélèvement des sécrétions vaginales en vue d'analyse ;
• une **prescription d'examens de laboratoire**.

Les examens de laboratoire

Les examens prescrits lors de cette première consultation sont obligatoires pour bénéficier des avantages sociaux de la maternité.

Recherche dans les urines

Sucre
Généralement, on trouve dans l'urine de la femme enceinte un sucre particulier, le lactose, dont la présence n'est pas significative. S'il y a une réaction positive avec le glucose, on fera une recherche plus approfondie de son taux dans le sang.

Albumine
On ne doit pas trouver d'albumine dans les urines. Si la réaction est positive, le médecin cherchera s'il n'y a pas une infection urinaire ou rénale.

Recherche dans le sang
Les maladies recherchées sont plutôt rares ; elles concernent seulement une fraction de la population ; comme elles sont très dangereuses pour l'enfant à naître, elles sont systématiquement dépistées.

L'hépatite B (antigène HBS)
Maladie très dangereuse pour le nouveau-né, l'hépatite B, dont l'agent est un virus, est transmise le plus souvent par le sang en contamination directe ou par l'intermédiaire de rapports sexuels, et quelquefois par des aliments souillés. 10 % de la population sont concernés par cette maladie avec risques de cirrhose ou de cancer du foie.
La vaccination contre l'hépatite B, actuellement controversée, reste l'affaire de chacun en accord avec son médecin. Lorsque la mère est atteinte par le virus de l'hépatite B, celui-ci peut traverser le placenta et atteindre le foie du bébé. C'est la raison pour laquelle un dépistage sérologique est systématiquement fait en début de grossesse. Suivant son résultat, différentes précautions seront alors envisagées pour la mère et l'enfant.

La toxoplasmose
La toxoplasmose est une maladie fréquente en France liée à des habitudes alimentaires. Le parasite responsable se trouve en

effet dans la viande de mouton et de porc insuffisamment cuite. 84 % des futures mères ont déjà été atteintes par la maladie sans le savoir et sont donc immunisées.

La maladie est bénigne pour la mère et passe souvent inaperçue. Elle se manifeste par un peu de fièvre, des ganglions dans le cou, un peu de fatigue avec des douleurs musculaires ou articulaires.

Au premier trimestre, le toxoplasme traverse le placenta assez rarement. Quand il y arrive, cela aboutit à la mort de l'œuf et donc à une fausse couche. C'est surtout à partir du 5e mois que la maladie est grave car le toxoplasme franchit le placenta et est responsable de malformations graves, cérébrales ou oculaires. Quand une toxoplasmose est détectée, un traitement efficace à base d'antibiotiques est entrepris.

La syphilis

Le dépistage de la syphilis fait partie des examens prénuptiaux. Néanmoins, un test est obligatoire dans les trois premiers mois de la grossesse, cette maladie grave pouvant se transmettre à l'enfant à partir du 5e mois.

Si les résultats sont positifs, on traite la future mère à la pénicilline et l'enfant naîtra en bonne santé. Si la mère n'est pas soignée à temps – c'est-à-dire avant le 5e mois –, elle n'a que 35 % de chances de mettre au monde un enfant normal et sain.

Cette maladie est devenue extrêmement rare chez le nouveau-né.

Le sida

Sida est l'abréviation de syndrome d'immuno-déficience acquise. Lorsque le sida évolue chez un malade, celui-ci présente un ensemble de troubles (syndrome) dus à l'affaiblissement de ses défenses immunitaires (immuno-déficience) ; cette incapacité à se défendre a été acquise au contact du virus.

L'organisme atteint est privé d'une partie de ses globules blancs, essentiels à la défense de l'organisme, qui sont détruits par le virus. Il est alors la proie de multiples infections qui mettent le malade en danger de mort.

Le sida est le résultat de la contamination par un virus : le HIV (humain immuno-déficience virus). Un test sérologique permet de savoir si l'on est porteur ou non du virus.

Le virus se transmet uniquement de sang à sang. Aussi, un porteur du virus peut-il le transmettre lors :
• de **relations sexuelles** car, dans le sperme et les sécrétions vaginales, se trouvent des globules blancs infectés par le virus, d'où la nécessité d'utiliser des préservatifs ;

À SAVOIR
Séropositivité
En cas de contamination par un virus, l'organisme réagit et fabrique des anticorps. La personne qui possède ces anticorps est dite séropositive vis-à-vis de ce virus.
Une personne séropositive peut :
• développer la maladie car les anticorps sont inefficaces ;
• ne pas avoir la maladie. Dans ce cas, elle est dite « porteur sain ».
Dans tous les cas, elle peut transmettre le virus.

À SAVOIR
Séropositivité et IVG
Les femmes enceintes séropositives pour le sida ou la rubéole ont la possibilité, si elles le désirent, de recourir à une interruption thérapeutique de grossesse avant la 10e semaine d'aménorrhée. Au-delà de ce délai, l'ITG est toujours possible car elle entre dans le cadre thérapeutique. Il s'agit là d'un choix extrêmement difficile pour la future maman qui aura besoin, dans tous les cas, d'un soutien psychologique.

Si le test sérologique de la toxoplasmose est négatif, il sera répété tous les mois.

Dès la 7e semaine de grossesse, une échographie peut être réalisée : elle permet de mesurer l'embryon et de préciser la date de début de grossesse.
Vous devez déclarer votre grossesse à la Caisse primaire d'assurance maladie et à la caisse d'allocation familiale au plus tard avant la fin de la 14e semaine de grossesse.

• d'**échange de seringues** chez les toxicomanes ;
• par **transfusion de sang contaminé**, d'où une surveillance stricte du sang en Europe depuis 1985.

Les risques encourus par l'enfant d'être réellement atteint par la maladie sont aujourd'hui aux environs de 5 % grâce à la multithérapie.

Plus de la moitié de ces bébés mourront avant l'âge de 2 ans. Les autres présenteront des complications nerveuses graves et le risque, toujours existant, de développer un jour la maladie.

Attention aux maladies infantiles

Le cytomégalovirus

Il s'agit d'un virus généralement inoffensif dont l'infection passe inaperçue.

Néanmoins, dans quelques cas rares, l'infection chez la femme enceinte peut provoquer une fausse couche au cours du premier trimestre. Quand l'infection survient plus tardivement, les conséquences sur le futur enfant peuvent être graves.

2 à 3 % des femmes enceintes non immunisées contractent le virus chaque année. Le dépistage n'est pas systématique en France. Aussi, si vous êtes en contact avec des enfants en bas âge, vous pouvez vérifier si vous êtes immunisée par une simple prise de sang qui permettra de détecter la présence d'anticorps.

Par pure précaution, une future maman doit éviter de s'occuper de très jeunes enfants pendant les cinq premiers mois de sa grossesse. Ils sont en effet très souvent porteurs du virus, sans aucune conséquence pour eux, mais peuvent être contaminants par l'intermédiaire de la salive, des larmes, de l'urine et des selles.

Il est recommandé aux futures mamans s'occupant de jeunes enfants :
• de ne pas lécher leur cuillère ;
• de ne pas les embrasser sur la bouche ;
• de bien se laver les mains après le change ;
• de ne pas utiliser leurs ustensiles de toilette ou de repas.

La varicelle (voir page 23)

Que faire si un de vos enfants a la maladie ?
Si vous êtes au Ier trimestre, consultez votre médecin qui fera une démarche de recherche d'anticorps. Si le résultat est négatif (vous n'êtes pas immunisée), toutes les précautions sont à prendre : ne touchez pas les lésions de votre enfant et lavez-vous les mains très souvent. Des échographies répétées s'assureront du bon développement du fœtus. Si votre grossesse est au 2e ou 3e trimestre, vous ne risquez rien.

La rubéole (voir page 23)

Que faire si vous venez d'être en contact avec un rubéoleux ?

Vous ne craignez rien si vous avez été vaccinée pendant votre adolescence. Si vous avez déjà eu la rubéole, vous ne risquez rien non plus : vous êtes immunisée et avez des anticorps.

Si vous n'êtes pas immunisée, signalez-le immédiatement à votre médecin. Il vous prescrira des gammaglobulines qui agiront pendant la période d'incubation (elle est de 15 jours) et bloqueront le développement de la maladie.

La première échographie

La 10e semaine de grossesse, soit la 12e semaine d'aménorrhée, est la plus propice pour une échographie qui va apporter au médecin qui vous suit de précieuses informations sur vous et votre bébé.

Cet examen est totalement indolore pour la mère et inoffensif pour le bébé. On demande à la femme de boire un demi-litre d'eau une heure avant pour que la vessie soit pleine. Pour les échographies suivantes, la vessie est vide.

Une sonde à ultrasons est déplacée sur le ventre de la mère enduit au préalable d'un gel destiné à assurer un contact parfait. Des images apparaissent sur un écran et les plus significatives sont enregistrées.

La première échographie est souvent assez lisible : le bébé étant très petit, on le voit bien dans son ensemble. Pour les échographies suivantes, on observera plus précisément les détails.

À votre demande, le médecin pourra vous montrer votre cavité utérine contenant une petite masse arrondie. Là, dans ce « sac ovulaire », se trouve votre bébé. Ce renflement, c'est sa tête et là, ce point qui saute régulièrement, son cœur ! Ce bébé dont vous suivez le développement, soudain vous le voyez ! Et vous l'entendez ! Maintenant, vous allez pouvoir l'imaginer encore mieux, l'attendre avec encore plus d'impatience et rêver au jour, encore lointain mais qui tout doucement se rapproche, où il dormira dans vos bras.

Si vous ne connaissez pas avec précision l'âge de votre grossesse – c'est le cas d'un quart de femmes enceintes en France – parce que la date de vos dernières règles est incertaine ou que vos cycles menstruels sont irréguliers, ou encore, que votre grossesse suit directement l'arrêt de la pilule, l'échographie pourra vous renseigner. Tous les embryons de 6 à 11 semaines ont en

L'échographie permet d'apprécier le développement du bébé *in utero* et de détecter d'eventuelles malformations.

À SAVOIR

Diamètre pariétal

À partir de la 11e semaine de grossesse, on peut mesurer :
• le diamètre bipariétal, ou BIP, c'est-à-dire le diamètre de la tête pris au-dessus des oreilles ;
• le diamètre abdominal ;
• la longueur du fémur.
• Les battements cardiaques, dont la fréquence se situe autour de 120 battements par minute, sont également contrôlés.

Les meilleurs moments pour pratiquer les 3 échographies obligatoires sont à la 12e, 22e et 32e semaines d'aménorrhée.
Au 1er trimestre, l'échographie permet de détecter le nombre d'embryons et de mesurer la clarté nucale, essentielle pour le dépistage de la trisomie 21.
Aux 2e et 3e trimestres, on observe le bon développement de chaque organe.

effet, pour le même âge, sensiblement la même taille ; par conséquent, la mesure par échographie de la longueur tête-fesses d'un embryon permet de connaître son âge à quatre jours près. La date de l'accouchement peut ainsi être précisée.

L'échographiste vérifiera l'implantation du placenta ainsi que l'ensemble de vos organes génitaux internes pour s'assurer qu'il n'y a aucune complication, comme une malformation utérine, un fibrome ou une béance du col.

Seules les trois échographies obligatoires — celles du 3e, 5e et 8e mois — sont remboursées par la Sécurité sociale. Le sont également celles faites lors d'un suivi particulier de grossesse à risque.

Les autres techniques de surveillance du bébé

Suivant les résultats de l'échographie, d'autres techniques de surveillance du fœtus sont utilisées afin de compléter les observations.

Le doppler

Cet appareil qui utilise également les ultrasons permet d'entendre les bruits du cœur du bébé avant même la 8e semaine depuis la fécondation.
Il permet aussi de mesurer la vitesse du flux sanguin dans les vaisseaux ombilicaux et dans les vaisseaux du bébé.
Une sonde enduite de gelée est déplacée sur la paroi abdominale de la mère jusqu'à ce que soient captées des ondes qui sont ensuite transformées en sons perceptibles par l'oreille humaine. Des sons régulièrement espacés et caractéristiques du cœur fœtal sont ainsi enregistrés.

L'embryoscopie

Elle se pratique de la 8e à la 10e semaine depuis la fécondation pour détecter une malformation qui aurait pu échapper à l'échographie.
Par l'intermédiaire d'un tube fin muni d'un système optique introduit dans le col de l'utérus, on regarde l'embryon à travers les membranes.
Cet examen est pratiqué uniquement lorsqu'il y a une forte présomption de malformation, en particulier des pieds et des mains. Le risque de rupture des membranes, donc de fausse couche, est en effet très élevé : de l'ordre de 10 %.

La biopsie du trophoblaste

Effectué 8 semaines après la fécondation, cet examen est pratiqué seulement lorsqu'il y a de fortes présomptions de malformations graves d'origine chromosomique.

Il a l'avantage, sur l'amniocentèse qui donne les mêmes renseignements, d'être pratiqué à un stade beaucoup plus précoce de la grossesse. L'interruption de grossesse qui suit un diagnostic positif sera un peu moins éprouvante, à tous points de vue, s'il a lieu à 2 mois de grossesse au lieu de 4 mois, comme c'est le cas avec l'amniocentèse (voir page 86).

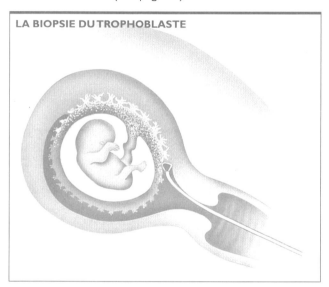

LA BIOPSIE DU TROPHOBLASTE

Comme les autres soins et consultations, les échographies sont prises en charge par l'assurance maladie et remboursées à 70 % du tarif de la Sécurité sociale jusqu'à 5 mois, puis par l'assurance maternité dès le 6e mois. Le remboursement passe alors à 100 % du tarif de la Sécurité sociale. Sur prescription médicale et avec accord préalable du service médical de l'assurance maladie, des échographies supplémentaires peuvent être remboursées.

La biopsie du trophoblaste consiste à prélever, à l'aide d'une pince introduite par le vagin, des cellules du trophoblaste, c'est-à-dire des villosités qui entourent l'œuf et qui, par la suite, vont évoluer en placenta. Comme les villosités qui entourent l'embryon sont issues de la division de la cellule œuf, elles contiennent les mêmes chromosomes, donc les mêmes données génétiques que toutes les autres cellules. En faisant l'étude des chromosomes, le généticien découvre un certain nombre d'informations concernant le bébé à naître. En particulier son sexe, indépendamment des recherches de malformations (voir le caryotype page 88).

Cet examen est réservé uniquement aux femmes ayant déjà donné naissance à un enfant atteint d'une malformation d'origine chromosomique ou d'une maladie métabolique.

L'examen ne dure que quelques minutes et le résultat est connu 2 à 3 jours plus tard.

Pesez-vous régulièrement. Équilibrez votre alimentation, ne mangez pas pour deux mais deux fois mieux et limitez votre consommation de sel.

Un point capital : votre alimentation

Votre bébé a grandi de façon spectaculaire : il a presque doublé sa taille chaque semaine. La multiplication rapide de ses cellules, qui entraîne la construction de ses tissus et organes, suppose qu'elles ont tous les nutriments nécessaires à leur croissance. Ces nutriments de base sont apportés jusqu'à elles par son sang. Comme il ne s'alimente pas directement lui-même, il puise ce dont il a besoin dans votre propre sang. C'est pourquoi votre alimentation est si importante pour lui.

Il s'agit de se nourrir correctement et intelligemment de façon à apporter à votre organisme et au sien tous les éléments nécessaires.

Durant votre grossesse, votre masse sanguine augmente, vos reins filtrent davantage : en plus de vos déchets, vous avez ceux de votre bébé à éliminer. Vous devez donc boire suffisamment : 1 litre et demi à 2 litres de liquide par jour.

Vous boirez de l'eau de préférence à toute autre boisson. Vous n'oublierez pas cependant de boire du lait qui est considéré comme un aliment et fait donc partie de la ration alimentaire ainsi que du jus de fruits frais, pour les vitamines. Limitez le thé et le café et abstenez-vous complètement de boissons alcoolisées.

Les principaux nutriments

Les glucides ou sucres, les lipides ou corps gras et les protéines, qui vont donner les acides aminés, matériaux élémentaires pour la construction de la matière vivante, sont les nutriments essentiels à la vie.

Pour le bon fonctionnement de la machine humaine, tous ces éléments doivent être associés selon des proportions définies. C'est la base de toute alimentation équilibrée.

Les besoins en calories

Chaque nutriment dégage lors de sa combustion, au cours de la digestion, un certain nombre fixe de calories par gramme. Ces calories fournissent l'énergie indispensable à la vie. Le minimum vital est de 1 500 calories par jour. Ce sont les calories utilisées uniquement pour le fonctionnement des organes et pour le maintien d'une température constante à 37 °C. Ce minimum vital varie en fonction du sexe, du poids, de la taille et de l'âge. Le corps de la future mère travaille davantage, aussi a-t-elle besoin de calories supplémentaires, mais pas énormément.

Si vous êtes une femme d'activité moyenne, votre besoin quotidien en calories est d'environ 2 000. Enceinte, vous avez besoin de 2 200 à 2 500 calories. Les apports alimentaires devront, en gros, rester les mêmes mais être particulièrement bien équilibrés.

Les bases d'une bonne alimentation

Avoir son quota de calories ne suffit pas si l'on ne considère pas leur provenance, qui est capitale. Il doit y avoir un juste équilibre dans l'alimentation entre tous les nutriments de base qui, en plus des calories, vont apporter à l'organisme les matières premières nécessaires à son entretien – c'est votre cas – et à sa croissance – c'est le cas de votre bébé. Nous devons donc ingérer régulièrement, sous peine de carences graves, des produits contenant des protéines, des lipides et des glucides ainsi que des minéraux, des oligoéléments et des vitamines.

Les protéines

Elles construisent et renouvellent tous les tissus de l'organisme. C'est la raison pour laquelle elles doivent avoir une place importante dans l'alimentation.

Les protéines d'origine animale se trouvent dans la viande, le poisson, les œufs, le lait et ses dérivés. À poids égal, le poisson fournit autant de protéines que la viande. De même, 2 œufs valent un bifteck de 100 g.

Les protéines d'origine végétale sont présentes dans les céréales (riz, pain), les légumineuses et les oléagineux. Un bon équilibre entre protéines animales et végétales est à respecter.

Les lipides

Énergétiques comme les sucres mais également plastiques, ils participent activement à l'élaboration des organes. Ils sont essentiels, en particulier, à la construction du système nerveux. Ils ne doivent pas apporter plus de 30 % des calories de la ration alimentaire quotidienne.

Les graisses animales se trouvent dans la viande, le poisson gras, le jaune d'œuf, le lait ainsi que dans la charcuterie, le beurre et la margarine. N'abusez pas des graisses animales, préférez-les sous leur forme crue, qui est plus digeste : lait, beurre, fromage.

Les graisses végétales sont présentes essentiellement dans les huiles et les fruits oléagineux tels que cacahuètes, noix, noisettes, amandes.

Les glucides

Surtout énergétiques, ils sont présents dans le sucre, le miel, les confitures, les pâtes et le riz, les fruits secs, les légumineuses, les fruits frais.

Si vous avez tendance à grossir, diminuez la ration de glucides, sauf en ce qui concerne les fruits frais riches en vitamines. Diminuez également les lipides au profit des protéines dont le rôle dans l'édification du corps est si important.

À SAVOIR

Nombre de calories

Pour une femme enceinte ayant une activité moyenne, une alimentation équilibrée doit comporter pour 100 calories :

- 15 à 20 calories d'origine protéique ;
- 30 à 35 calories d'origine lipidique ;
- 50 à 55 calories d'origine glucidique.

Ce qui correspond, pour une dépense énergétique de 2 500 calories, à l'absorption quotidienne de :

- 80 à 90 g de protéines, moitié animales, moitié végétales ;
- 80 g de lipides ;
- 300 g de glucides.

Faites 3 repas principaux.

Petit déjeuner copieux, déjeuner, dîner et une collation soit le matin, soit dans l'après-midi. Emportez à votre travail yaourt, petit-suisse, gruyère, entremet et fruit. Évitez viennoiseries ou biscuits trop gras et sucrés.

À SAVOIR

Les vitamines

Ces molécules chimiques complexes déclenchent toutes les réactions biochimiques nécessaires à l'élaboration de la matière vivante ainsi qu'au maintien et au bon fonctionnement de l'organisme. Sachez que la cuisson à la vapeur permet de conserver un maximum de vitamines. Utilisez l'eau de cuisson des légumes : elle renferme plein de vitamines.

NOM	RÔLE	SOURCES ALIMENTAIRES
Vitamine A	• Essentielle pour la croissance et la vue. Sa carence entraîne des troubles de la vision. • Indispensable pour la formation de l'émail des dents, des cheveux et des ongles. • Nécessaire à la formation de la glande thyroïde. • Protège la peau et les muqueuses. • Permet de résister aux infections.	Lait entier et ses dérivés, beurre frais, jaune d'œuf, poissons, huile de foie de poissons, foie, rognons. Légumes verts, notamment persil, épinards, laitue, tomates. La carotte contient du bêtacarotène, précurseur de la vitamine A.
Vitamine B1	• Indispensable pour la constitution de votre bébé, notamment de ses nerfs et de ses yeux. • Nécessaire pour la lactation. • Favorise la digestion en stimulant l'estomac et l'intestin. • Son besoin est accru dans le cas d'une maladie infectieuse.	Cuticule des céréales. Pour cette raison, préférer riz et pain complets, graines entières, noisettes, germe de blé, levure de bière. Légumineuses, pommes de terre. Abats : cœur, foie, rognons. Fruits.
Vitamine B2	• Essentielle au moment de la fécondation et dans les premiers jours du développement de l'embryon. • Prévient les problèmes de peau.	Graines entières, germe de blé, levure de bière, légumes verts, lait, œufs, foie.
Vitamine B3	• Aide à la construction des cellules nerveuses. • Protège des infections et des saignements de gencives.	Graines entières, germe de blé, levure de bière, cacahuètes, légumes verts, œufs, poisson, foie, rognons.
Vitamine B5	• Essentielle pour la multiplication cellulaire, obligatoire pour le maintien de l'intégrité tissulaire. • Rôle important dans la fabrication des globules rouges.	Cuticule des céréales, graines entières, cacahuètes, œufs, fromages, foie, cœur, rognons.
Vitamine B6	• Aide à l'assimilation des graisses et des acides gras nécessaires à la production des anticorps. • Sa déficience cause des troubles nerveux et de l'anémie.	Germe de blé, levure de bière, pommes de terre, champignons, bananes, légumineuses, foie, cœur, rognons.

NOM	RÔLE	SOURCES ALIMENTAIRES
Vitamine B9 ou acide folique	• Importance capitale dans la synthèse des protéines, la multiplication cellulaire, le bon fonctionnement de la moelle osseuse, siège de la fabrication du sang. • Empêche les malformations du tube neural comme le spina-bifida. • Essentielle pour un bon développement du système nerveux central du bébé.	Légumes verts : laitue, cresson, endives, pissenlits, poireaux. Toutes les sortes de choux : choux-fleurs, choux de Bruxelles, chou rouge, chou vert, brocolis. Noix, agrumes, c'est-à-dire oranges, citrons, pamplemousses. Foies d'agneau et de poulet. Fromages affinés.

Une carence en acide folique peut provoquer des hémorragies entraînant un avortement en début de grossesse, un retard dans la croissance *in utero* du bébé ainsi que des malformations fœtales, surtout neurologiques. Cette carence peut être due à la malnutrition, à l'alcoolisme, aux anti-épileptiques. Une grossesse gémellaire ainsi que le fait d'avoir déjà eu plusieurs enfants sont des facteurs aggravants. Chez ces femmes présentant un facteur de risque, un apport médicamenteux en supplément à l'alimentation est nécessaire. Chez les autres, il peut être souhaitable, avant la conception et pendant le premier trimestre de la grossesse, mais surtout, l'alimentation doit être équilibrée en conséquence.

NOM	RÔLE	SOURCES ALIMENTAIRES
Vitamine B12	• Essentielle pour la formation et la protection des globules rouges. • Indispensable pour la formation du système nerveux central du bébé.	Germe de blé, levure de bière, graines entières, poisson, foie.
Vitamine D	• Permet l'absorption du calcium par l'intestin et son incorporation par les cellules osseuses. Elle est par conséquent indispensable à votre bébé pour la construction d'un squelette solide. • C'est la vitamine de l'antirachitisme.	Lait, beurre, jaune d'œuf, poisson, huile de foie de morue. L'organisme fabrique lui-même la vitamine D grâce aux rayons solaires qui activent une pro-vitamine présente dans la peau. Si votre grossesse a lieu en hiver, votre médecin vous prescrira probablement une ampoule de vitamine D vers le 6e mois et une autre au début du 9e.
Vitamine C	• Permet de lutter contre la fatigue et augmente la résistance aux infections. • Participe à l'élaboration d'un placenta solide. • Favorise l'absorption du fer par l'intestin. • Rôle important dans la réparation des fractures et la cicatrisation. Les besoins en vitamine C sont variables suivant qu'il y a stress, fièvre ou infection.	Les fruits frais et notamment citrons, oranges, mandarines, pamplemousses, kiwis. Les légumes verts, surtout consommés crus. La vitamine C est détruite par la cuisson. Deux oranges suffisent pour assurer la ration quotidienne.
Vitamine E	• Pour une bonne fertilité. • Pour le maintien de l'intégrité des membranes cellulaires.	Germe de blé, salades vertes et la plupart des aliments.
Vitamine K	• Pour la coagulation du sang.	Légumes verts crus. Elle est également fabriquée dans l'intestin à partir d'une bactérie.

Consommez chaque jour 1/2 litre de lait (5 verres) et 2 portions (25 à 30 g) de fromage pasteurisé.

Les minéraux

Ce sont notamment le calcium, le sodium, le magnésium, le potassium, le phosphore. Ils doivent être maintenus à un taux constant dans l'organisme sous peine d'entraîner des troubles. Or, pendant tout le temps de votre grossesse, vos besoins vont être accrus.

NOM	RÔLE	SOURCES ALIMENTAIRES
Calcium	• Essentiel pour la formation du squelette et des dents de votre bébé. Si vous ne lui en apportez pas en quantité suffisante, il puisera dans vos propres réserves, entraînant pour vous une décalcification. Le calcium n'est fixé par les os qu'en présence de vitamine D, présente, elle aussi, dans l'alimentation.	Lait et ses dérivés : yaourts et fromages, les plus riches étant ceux à pâte cuite comme le gruyère ou le cantal. Les œufs, le pain complet, quelques légumes verts comme épinards, choux, endives, cresson. Son de blé, poissons et crustacés, légumineuses, oléagineux.
Magnésium	• Bon équilibre neuro-musculaire.	Amandes, noix, noisettes, abricots secs, flocons de céréales complètes, germe de blé, chocolat.

CONSEILS

• Ne passez pas votre temps à peser vos aliments et à calculer vos calories.

• Faites 3 ou 4 repas équilibrés en quantité et qualité. Composez vos repas suivant vos habitudes, vos goûts et vos moyens.

• Ne grignotez jamais entre les repas.

• Pour couper une fringale subite, croquez une pomme ou une carotte crue.

Quelques règles à respecter

• Chaque aliment contenant, la plupart du temps, plusieurs types de nutriments et de vitamines, variez les menus. Faites alterner différents types de viande et de poisson que vous consommerez grillés ou bouillis. N'oubliez pas les œufs et les fromages. Veillez à manger à chaque repas des légumes verts et de la salade qui contiennent beaucoup de minéraux et de vitamines ainsi que des fibres de cellulose, indispensables à un bon transit intestinal.

• Supprimez les plats en sauce et les ragoûts, les plats trop épicés, les graisses animales, la charcuterie, les fritures, les poissons fumés, le gibier et les abats. Évitez les pâtisseries trop riches en sucre.

C'est tout naturellement que vous augmenterez légèrement vos rations au cours de votre grossesse car cela correspondra à un besoin accru de la part de votre bébé, mais n'oubliez pas que tout ce qui ne sera pas utilisé sera stocké chez vous sous forme de graisse, peu mobilisable ensuite.

Les oligoéléments

Ce sont des minéraux dont la présence, en quantité infime, est essentielle pour le maintien d'une bonne santé. Il s'agit, entre autres, de l'iode, du zinc, du cuivre, du fer, du fluor, du manganèse, du sélénium.

Consommez chaque jour 2 fruits moyens : 1 fruit de saison et 1 agrume (surtout l'hiver).

NOM	RÔLE	SOURCES ALIMENTAIRES
Fer	• Essentiel pour la formation et la bonne santé des globules rouges. Le fer est le composant essentiel de l'hémoglobine, pigment transporteur d'oxygène, qui donne leur couleur aux globules rouges. L'enfant en formation a besoin d'une quantité importante de fer pour la fabrication de ses propres globules rouges. Si l'alimentation de la mère est pauvre en fer, il va puiser dans les réserves de celle-ci, entraînant une anémie.	Cresson, persil, haricots blancs, légumineuses (lentilles), le jaune d'œuf, le foie de génisse ou d'agneau, le chocolat, la viande.
Zinc	• Aide à la synthèse des protéines et de nombreuses enzymes, protéines spéciales nécessaires aux réactions biochimiques. • Nécessaire à la libération de la vitamine A stockée dans le foie, dans la circulation sanguine.	Cuticule des céréales, riz et pain complets, germe de blé, flocons de céréales complètes, noisettes, œufs, foie, coquillages.
Iode	• Indispensable au bon fonctionnement de la glande thyroïde.	Coquillages, poissons. Sa présence dans le sel marin couvre les besoins de l'organisme pour une alimentation normalement ou peu salée.
Fluor	• Action préventive contre les caries.	Présent dans les eaux minérales. Votre médecin pourra également vous prescrire du fluor en comprimés à partir du 5e mois.

Consommez chaque jour :
• 1 légume cru,
• 1 légume cuit (200 à 300 g de légumes verts ou 100 à 150 g de féculents).

À partir du 6ᵉ mois, la prise de poids ne doit pas excéder 1 à 1,2 kg par mois. Votre gain de poids total doit se situer entre 9 et 12 kg maximum.

Surveillez votre poids

Ce qui va vous guider dans votre alimentation tout au long de votre grossesse est votre prise de poids. Vous devez vous peser régulièrement une fois par semaine pour vérifier que vous ne grossissez pas trop.

Il se peut, à ce moment de votre grossesse, que vos nausées soient très importantes et que vous ayez maigri de 1 ou 2 kg. Ce n'est pas grave, vous allez les reprendre au cours des mois suivants. Au 6ᵉ mois, de toute façon, vous aurez pris 6 kg. 1/3 sont pour votre bébé et 2/3 pour vous, sous forme de réserve graisseuse. Cette réserve physiologique commune à tous les mammifères est constituée dans le but ultérieur d'apporter l'énergie nécessaire à la fabrication du lait maternel.

À partir du 6ᵉ mois, la prise de poids ne doit pas excéder 1 à 1,2 kg par mois.

Si vous dépassez ce chiffre, vous devez réajuster votre régime alimentaire en diminuant les glucides et les lipides.

Si cette prise de poids est importante, ne décidez surtout pas de faire un régime. Il serait totalement inapproprié. C'est votre médecin, et lui seul, qui vous conseillera.

Votre gain de poids total au cours de la grossesse doit se situer entre 9 et 12 kg maximum.

À ne pas négliger : la beauté

La grossesse n'est pas une maladie. Seulement un changement d'état temporaire qui s'accompagne de désagréments plus ou moins nombreux suivant l'état physiologique de chacune. Après neuf mois, vous allez retrouver votre état antérieur.

Faites en sorte que cette merveilleuse aventure que vous aurez vécue et qui restera à jamais gravée dans votre mémoire ne le soit pas également dans votre corps. Il doit en sortir épanoui et non pas amoindri.

Pour cela, un minimum de précautions sont à prendre tout au long de votre grossesse.

Les seins

Dès le début de la grossesse, vos seins ont commencé à augmenter de volume. Ce sont les glandes mammaires qui se développent en vue de l'allaitement.

Pour que cet alourdissement temporaire des seins n'ait pas de conséquence sur leur beauté ultérieure, il faut éviter le relâchement de la peau qui les maintient. Un bon soutien-gorge, à porter jour et nuit si nécessaire, est indispensable.

La peau

Pour le moment, en cette période d'adaptation, vous avez un teint un peu brouillé. Dans quelque temps, quand tout va rentrer dans l'ordre, votre teint sera éclatant grâce, en partie, aux hormones qui vous imprègnent.

Le visage

La peau de votre visage devient plus sèche sous l'action des hormones. Si vous avez déjà tendance à avoir une peau fragile et sèche, elle risque de se marquer par de fines ridules. Aussi, nourrissez votre visage avec une crème de bonne qualité, de jour comme de nuit.

Les vergetures

C'est évidemment le souci majeur des femmes enceintes. Les vergetures apparaissent là où la peau est distendue, c'est-à-dire surtout sur les seins et le ventre. Elles sont d'abord des lignes rouge sombre, un peu violacées, qui deviendront ensuite blanches et nacrées. Elles sont indélébiles car elle correspondent à une cassure du tissu élastique de l'épiderme. Les vergetures dépendent directement de la qualité de la peau et de la prise de poids.

Les cheveux

Sous l'effet de la progestérone, vos cheveux sont plus brillants et plus épais car les chutes quotidiennes de cheveux cessent.

Les dents

Contrairement à la croyance populaire, un enfant ne coûte pas une dent. Si vous vous alimentez correctement, l'édification de votre bébé ne se fera pas à votre détriment. Vous ne serez ni déminéralisée ni décalcifiée.

Au tout début de votre grossesse, faites vérifier l'état de vos dents car une carie insoupçonnée peut s'aggraver et provoquer un abcès. Il n'y a aucune contre-indication à l'arrachage d'une dent, si ce n'est la proscription absolue d'un anesthésique local contenant de l'adrénaline. Avant toute intervention, prévenez votre dentiste de votre état.

Les yeux

Les hormones de la grossesse changent l'acuité visuelle en modifiant le rayon de courbure du cristallin. La myopie a, dans ce cas, tendance à s'aggraver. Si vous êtes myope, vous devez vous faire surveiller par votre ophtalmologiste au cours de votre grossesse et, surtout, vous devez le signaler au médecin qui vous accouchera. En effet, les efforts de l'expulsion peuvent provo-

CONSEILS
Prévention vergetures
• Veillez à avoir une prise de poids régulière. Méfiez-vous du 3ᵉ mois où soudain vous allez retrouver gaiement un appétit perdu au début de votre grossesse.
• Améliorez la résistance de la peau par des crèmes hydratantes et nourrissantes.

À SAVOIR
Attention aux yeux
L'hydratation de la cornée est moins bonne durant la grossesse. Vous produisez moins de larmes, vos yeux sont moins humides. Si vous portez des lentilles de contact, vous risquez quelques problèmes d'irritation. Portez de préférence des lunettes.

N'hésitez pas à utiliser des produits (crèmes, huiles, gels) pour prévenir ou diminuer les vergetures sur les zones menacées : ventre, seins, haut des cuisses. Vous assouplirez ainsi la peau qui résistera mieux aux bouleversements entraînés par la grossesse.

Tous les examens obligatoires sont pris en charge à 100 % par la Sécurité sociale. Ils sont gratuits dans les centres de PMI.
La plupart des Caisses primaires envoie à la future mère un guide de surveillance médicale personnalisé avec la date des examens médicaux à réaliser.

quer un décollement de rétine. Le médecin, prévenu, pourra ainsi limiter le temps d'expulsion.

Les obligations administratives

L'obligation la plus importante est de prévenir les différentes administrations de votre grossesse afin de pouvoir bénéficier des différents avantages qui vous sont offerts.

La déclaration de grossesse

La venue au monde de votre bébé va occasionner des frais qui vous seront en grande partie remboursés grâce aux primes accordées par l'État. Ces avantages sont délivrés par deux organismes distincts :
• la **Caisse primaire d'assurance-maladie de la Sécurité sociale** qui accorde un congé de maternité (voir Annexes) ;
• la **Caisse d'allocations familiales** (**CAF**) qui verse différentes prestations (voir Annexes).

La déclaration de grossesse est faite après le 1er examen prénatal obligatoire. Lors de cette visite, le médecin vous remet un formulaire comportant trois volets numérotés.
• Envoyez le volet n° 3 du feuillet d'examen prénatal signé par le médecin accompagné de vos 3 derniers bulletins de salaire précédant la date du début de votre grossesse à votre Caisse d'assurance-maladie. Vous recevrez en retour, mais avec un certain délai, un guide de surveillance médicale indiquant le calendrier des examens à effectuer avant et après l'accouchement.
• Envoyez en même temps les feuillets 1 et 2 à votre Caisse d'allocations familiales. Ils ouvrent les droits à la prestation d'accueil du jeune enfant (Paje), soumise néanmoins à des conditions de ressources (voir Annexes).

Le guide de surveillance médicale

Ce guide, ainsi que la carte Vitale, doivent être présentés à votre médecin lors des examens obligatoires, lesquels sont pris en charge à 100 %. Ces examens sont au nombre de 7 avant l'accouchement : le premier avant la fin du 3e mois, puis un chaque mois, soit 6.
À la naissance de votre enfant, adressez à votre centre de paiement un extrait d'acte de naissance ou une copie du livret de famille. Vous recevrez alors un guide de surveillance enfant qui vous indiquera les examens à effectuer : le premier concerne l'enfant et doit se faire dans les 8 jours suivant la naissance, le deuxième avant la fin du 1er mois et le troisième avant la fin du 2e mois.

La mère doit quant à elle passer un examen avant la fin du 1er mois.

Si vous passez des visites supplémentaires, votre médecin vous remplira une feuille de maladie ordinaire en vue du remboursement au taux habituel de la Sécurité sociale.

La garde de votre bébé

Une femme qui travaille doit penser le plus tôt possible au mode de garde de son bébé. Si vous choisissez une employée de maison ou une **assistante maternelle**, vous pourrez vous en occuper après la naissance de votre enfant. Si vous préférez la formule de la crèche, vous pouvez vous en préoccuper dès maintenant.

La garde à domicile

L'employée de maison, ou auxiliaire parentale, peut travailler à temps plein ou partiel. Qu'il s'agisse d'une jeune fille au pair, française ou étrangère, d'une baby-sitter ou de toute autre personne, il vous revient de la recruter, de lui établir un contrat de travail et des fiches de paie, et de vous inscrire à l'Urssaf comme employeur.

Individuel ou partagé avec une autre famille, ce mode de garde est le plus confortable, le plus souple pour les horaires et en cas de maladie de votre enfant ; il est aussi le plus coûteux – le salaire d'une employée de maison est au moins égal au Smic. Vous pouvez, selon certaines conditions de ressources, bénéficier du complément de libre choix du mode de garde (voir en annexe les prestations de la Caisse des allocations familiales).

La garde à l'extérieur

L'assistante maternelle, ou nourrice, accueille à son domicile 1 à 3 enfants âgés de moins de 3 ans. Pour exercer cette profession, elle a obtenu un agrément délivré par la PMI (Protection maternelle et infantile) et reçu une formation. Les modalités pratiques et financières sont les mêmes que pour une auxiliaire parentale. Les enfants sont gardés dans un cadre familial et sont suivis par le médecin de la PMI. Vous obtiendrez les coordonnées des assistantes maternelles dans les centres de PMI.

L'accueil collectif

Les crèches collectives sont créées et gérées par les services départementaux de la DDASS (direction départementale des Affaires sanitaires et sociales) et de la PMI. Une crèche collective accueille entre 15 et 80 enfants âgés de 2,5 mois à 3 ans

CONSEILS

Pensez-y !

Si vous travaillez, pensez, dès à présent, à la garde de votre futur bébé. Renseignez-vous à la mairie. La liste des crèches proches de votre domicile vous sera fournie.

À SAVOIR

Inscription dans une crèche

L'inscription provisoire dans une crèche municipale se fait au 6e mois de la grossesse. Elle doit être complétée par une inscription définitive prise après la naissance et sur avis favorable du médecin de la crèche. À ce moment, vous devrez présenter le carnet de santé de l'enfant, une justification de domicile et votre bulletin de salaire ainsi que celui de votre conjoint, car le tarif dépend du revenu familial.

Le choix du mode de garde de votre enfant est essentiel pour lui, mais aussi pour votre tranquillité et l'équilibre de votre famille. Réfléchissez-y longtemps à l'avance.

– une petite structure est une mini-crèche. Elle est dirigée par une infirmière puéricultrice et animée par des professionnels de la petite enfance, auxiliaires de puériculture et éducatrices. Pour certaines mamans, ce cadre professionnel et la présence de petits camarades pour leur enfant est rassurant. En cas de fièvre ou de maladie, votre enfant ne sera pas admis ; il faudra alors prévoir un autre mode de garde.

Ce mode de garde est le moins coûteux – 10 % environ du revenu imposable du foyer, pour tous les types d'accueil collectif. Renseignez-vous à la mairie ; la liste des crèches proches de votre domicile vous sera fournie.

L'inscription provisoire dans une crèche municipale se fait au 6e mois de grossesse ; elle doit être complétée par une inscription définitive prise après la naissance et sur avis favorable du médecin de la crèche. À ce moment, vous devrez présenter le carnet de santé de l'enfant, un justificatif de domicile et les bulletins de salaire du foyer, car le tarif dépend du revenu familial. Il existe peu de places en crèches : moins de 1 enfant sur 10 est gardé en crèche.

Les crèches familiales sont un compromis entre l'assistante maternelle et les crèches collectives : votre enfant est gardé au domicile d'une assistante maternelle, qui dépend d'une crèche. Dirigée par une infirmière puéricultrice, une équipe professionnelle assure le suivi médical, éducatif et psychologique. Le matériel est prêté par la crèche. 1 à 2 fois par semaine, les enfants sont accueillis dans la crèche.

Les crèches parentales, ou « établissements à gestion parentale », ont été créées, à la ville comme à la campagne, pour pallier le manque de place en crèche. Gérées par les parents, ce sont de petites structures qui accueillent les enfants jusqu'à 3 ans ; certaines ne les acceptent qu'à partir de 6 mois, ou plus. Réunis en une association, les parents assurent le fonctionnement de la crèche et, à tour de rôle, font une permanence une demi-journée par semaine ; d'année en année, ce sont eux qui décident du recrutement des nouveaux parents. La crèche parentale est dirigée par une éducatrice de jeunes enfants et animée par des professionnels de la petite enfance.

LE 2ᵉ MOIS DE VOTRE GROSSESSE

Âge de la grossesse	5ᵉ semaine	6ᵉ semaine	7ᵉ semaine	8ᵉ semaine
OBSERVATIONS GÉNÉRALES	Vos seins se développent beaucoup. Apparition possible d'un masque de grossesse.	Formation du placenta par augmentation des villosités du trophoblaste. L'utérus a la taille d'une mandarine.	L'hormone HCG est à son taux maximal.	L'utérus a la taille d'une orange.
SYMPTÔMES POSSIBLES	Nausées avec vomissements possibles. Salivation excessive. Brûlures d'estomac. Ballonnements. Constipation. Insomnies. Jambes lourdes.			Petits malaises possibles. Fourmillements. Crampes. Sensations douloureuses dans l'abdomen dues à l'utérus qui s'alourdit.
PRÉCAUTIONS À PRENDRE	Portez un soutien-gorge. Crème anti-vergetures.	Évitez : • surmenage, • gros efforts. Si douleur dans le bas-ventre, voir le médecin.	Mangez sain et équilibré. Buvez beaucoup. Surveillez votre poids tous les 15 jours.	
EXAMENS	Visites chez : • le dentiste, • l'ophtalmologiste.	Recherche dans les urines : • albumine, • sucre. Recherche dans le sang : • anticorps de la rubéole, de la toxoplasmose, du sida, de l'hépatite B, de la syphilis, du cytomégalovirus, • agglutinines anti-D si vous êtes RH-		
DÉMARCHES	Pensez au mode de garde.	1ʳᵉ consultation médicale obligatoire.	Envoyez la déclaration de grossesse à la Sécurité sociale et aux Allocations familiales.	Renseignez-vous, à la maternité, sur toutes les préparations à la naissance.

Troisième mois

Votre bébé est maintenant, au début de ce troisième mois, un petit bonhomme avec une grosse tête, des bras et des jambes et la plupart de ses organes internes. À présent, ce n'est plus un embryon mais un fœtus. La période fœtale qui va se poursuivre jusqu'à la naissance est caractérisée par une croissance rapide du corps tandis que la différenciation tissulaire devient moins active. Son sexe va se différencier : est-ce une fille ou un garçon ? Pour le moment, le mystère demeure entier et vous permet de rêver.

Vous ne le sentez pas encore bouger mais vous savez qu'il est là. Sa présence se manifeste par tous ces petits désagréments qui vous assaillent dans votre vie quotidienne, depuis le début de votre grossesse. Ce troisième mois est le point de départ d'une période fabuleuse car la plupart de ces ennuis vont s'estomper. Peu à peu, vous allez vous sentir mieux physiquement et moralement. Vous allez attendre votre bébé avec plus de sérénité. Et comme vous pouvez l'imaginer, cela vous est facile de l'attendre avec joie.

> Du début de la 11e semaine depuis le 1er jour des dernières règles à la fin de la 13e semaine.

> Du début de la 9e semaine de grossesse à la fin de la 13e semaine de grossesse.

L'évolution de votre bébé

En cette 9ᵉ semaine de grossesse, votre bébé est environ 40 000 fois plus grand que l'œuf dont il est issu. Au cours de ce 3ᵉ mois, sa taille va encore tripler et son poids quadrupler avec un ralentissement relatif de la croissance de la tête par rapport au reste du corps.

3ᵉ MOIS

Le 3ᵉ mois correspond à une période qui va :
• du début de la 11ᵉ semaine depuis le 1ᵉʳ jour de vos dernières régles jusqu'à la fin de la 13ᵉ semaine.
• du début de la 9ᵉ semaine de grossesse à la fin de la 13ᵉ semaine de grossesse.

À SAVOIR

Son cœur
Il bat maintenant entre 110 et 160 battements par minute. Dès le début, le cœur de l'embryon est autonome par rapport à celui de la mère. Il bat à son propre rythme bien qu'il soit soumis à l'état nerveux de sa mère. Quand celle-ci se trouve soudain dans un état de stress, grosse émotion ou colère, son sang se charge d'adrénaline qui traverse le placenta et influence le rythme cardiaque du bébé. Il est donc important que la mère ait une vie calme.

La croissance

Il y a surtout le modelage du visage avec l'apparition de traits humains reconnaissables. Votre bébé ne peut plus être confondu avec un embryon de n'importe quelle espèce de mammifères, il ressemble maintenant à un petit homme. Les yeux qui étaient situés très loin sur les côtés de la tête commencent leur migration vers le devant du visage, tandis que les oreilles se rapprochent de leur localisation définitive.

Les membres continuent à s'allonger – les bras plus rapidement que les jambes – et acquièrent une longueur proportionnelle à la longueur du corps.
La cavité abdominale est formée, ce qui délimite une zone supérieure contenant le cœur et le système pulmonaire en développement et une zone inférieure comprenant l'estomac, le foie, le pancréas, la rate, les intestins. Ces deux zones sont séparées par le diaphragme. La cavité abdominale est encore trop petite pour contenir l'intestin, qui s'allonge toujours, sort en hernie et s'enroule dans le cordon ombilical. Le petit intestin est déjà capable de mouvements musculaires involontaires, appelés péristaltisme. Ce sont ces mouvements qui se propagent sous forme d'ondes qui permettent le déplacement des matières à l'intérieur de l'intestin.

La croissance de votre bébé continue à un rythme rapide : à la 10ᵉ semaine de grossesse, la tête qui s'est redressée lentement au cours des dernières semaines est maintenant presque droite. Et surtout, il bouge ! Faiblement certes, mais il bouge ! Il a maintenant de nombreux muscles et est capable de mouvements spontanés de tout son corps. Il agite légèrement bras et jambes, serre les poings et tourne la tête. Ce sont des réflexes émanant directement de la moelle épinière. Le cerveau n'est pas encore assez développé pour les réguler. Il ne pourra d'ailleurs pas le faire, même après la naissance. Le cerveau est un organe si complexe et si différencié que sa maturation mettra de longues années à se faire et s'achèvera seulement vers l'âge de 18 ans. Pour le moment, il poursuit son élaboration. Elle se traduit, en ce début de 3ᵉ mois de grossesse, par une multiplication intense des cellules nerveuses appelées neuroblastes. Ce n'est qu'au terme de leur maturation que les neuroblastes porteront le nom de neurones. Parallèlement à leur prolifération, les neuroblastes migrent dans la substance cérébrale. Cette migration est nécessaire pour l'établissement des circuits nerveux.

À la 11ᵉ semaine, les premiers os sont présents. D'abord tissus cartilagineux apparus en premier dans les membres, ils se sont enrichis en cellules osseuses qui se sont organisées en tissus plus compacts. Des îlots cartilagineux continuent à se mettre en place au niveau du crâne et de la face. Le nez, aux narines maintenant ouvertes, pointe son petit bout cartilagineux au milieu du visage tandis que le menton commence à s'affirmer. Le squelette de votre bébé continue à se former par une production continue d'os et, à la 13ᵉ semaine de grossesse, les articulations sont fonctionnelles et les bras peuvent se plier aux coudes et aux poignets. Les doigts peuvent se replier à l'intérieur de la main : votre bébé serre les poings et écarte les doigts de pied en éventail ! Mais aucun de ces mouvements n'est encore contrôlé par le cerveau.

Dans la peau, des cellules possédant des prolongements élaborent progressivement un pigment sombre : la mélanine. Ce

À SAVOIR

Le sexe de bébé

Si le sexe lui-même n'est pas encore là, les voies génitales sont déjà bien différenciées, avec, chez la fille, un canal utéro-vaginal, les ovaires et les trompes de Fallope. Chez le garçon, le pénis est présent à la 12ᵉ semaine. Les testicules sécrètent déjà de la testostérone. Ils sont situés dans la paroi postérieure de l'abdomen. La migration des testicules n'est pas un déplacement actif mais un phénomène passif en rapport avec la croissance de la paroi abdominale.

À SAVOIR

Le squelette

De la colonne vertébrale qui continue à se consolider partent les premières formations des côtes. Et en relation avec les os des jambes, ceux du bassin se dessinent. Petit à petit, tous les îlots cartilagineux vont se rejoindre, se durcir et s'articuler. Le squelette complet avec ses 110 os ne sera terminé qu'à l'adolescence.

Votre bébé a déjà des os.

… et des muscles.

Le visage se sculpte, des cartilages se forment, les muscles s'étoffent… l'embryon est devenu fœtus.

LE 3ᴱ MOIS DE VOTRE BÉBÉ

Âge de votre bébé	9ᵉ semaine	10ᵉ semaine	11ᵉ semaine	12ᵉ semaine	13ᵉ semaine
SA TAILLE	4 cm de la tête au coccyx. 5,5 cm de la tête aux talons.	5 cm de la tête au coccyx. 7,5 cm de la tête aux talons.	6 cm de la tête au coccyx. 8,5 cm de la tête aux talons.	7 cm de la tête au coccyx. 10 cm de la tête aux talons.	8 cm de la tête au coccyx. 12 cm de la tête aux talons.
SON POIDS	10 g	18 g	28 g	45 g	65 g
SON DÉVELOPPEMENT	La tête commence à s'arrondir. Apparition des traits humains. Les narines sont encore bouchées. Apparition des bourgeons du goût et de l'odorat. Les lèvres se dessinent. Les paupières recouvrent l'œil complètement. Les voies génitales sont bien différenciées. Les testicules sécrètent la testostérone. Le cœur a entre 110 et 160 battements par minute.	Le visage est humain. Votre bébé fait des mouvements spontanés que vous ne pouvez percevoir : il tourne la tête, agite bras et jambes. Apparition des bulbes pileux à l'origine des poils et des cheveux. Bourgeons des dents permanentes sous les dents de lait. Foie énorme qui fabrique actuellement les cellules sanguines. Apparition des îlots de Langerhans dans le pancréas.	Présence des premiers os. Les os du bassin se dessinent. Formation des premières côtes. Les narines sont ouvertes. L'intestin trop long pour la cavité abdominale entre dans le cordon ombilical.	Les yeux sont à leur place définitive. La moelle osseuse commence à élaborer des cellules sanguines. Les glandes sexuelles sécrètent des hormones. Si votre bébé est un garçon il a une prostate et un pénis.	La tête a un diamètre de 3,5 cm. Les articulations sont fonctionnelles. Les doigts se replient à l'intérieur de la main. Élaboration du pigment de la peau : la mélanine. La bouche s'ouvre et se ferme. Mouvements de succion. Mise en route d'un circuit primitif d'absoption et d'excrétion par les voies digestives.
OBSERVATIONS GÉNÉRALES	L'embryon est devenu fœtus.	Le sang de la mère et celui du bébé ne se mélangent jamais.	90 % du poids de votre bébé sont dus à l'eau.	Formation définitive du placenta.	

pigment est transmis aux autres cellules de l'épiderme par l'intermédiaire des prolongements. Ce sont ces cellules qui sont responsables, après la naissance, de la pigmentation de la peau. Ce sont encore elles qui brunissent la peau en réaction à l'exposition au soleil.

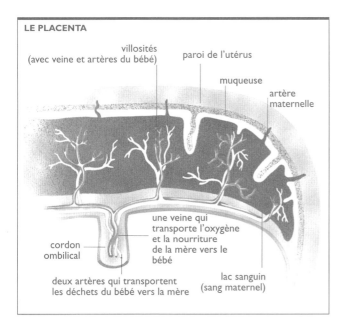

LE PLACENTA

villosités (avec veine et artères du bébé)

paroi de l'utérus

muqueuse

artère maternelle

une veine qui transporte l'oxygène et la nourriture de la mère vers le bébé

cordon ombilical

deux artères qui transportent les déchets du bébé vers la mère

lac sanguin (sang maternel)

Tous les échanges entre vous et votre bébé se font par l'intermédiaire du placenta, relié à votre bébé par le cordon ombilical.
Votre bébé reçoit de l'oxygène et rejette son gaz carbonique. Il puise des sucres, des lipides et des acides aminés. Si le placenta joue un rôle protecteur, certains microbes peuvent néanmoins le traverser.

Les annexes : placenta, cordon ombilical et cavité amniotique

On appelle annexes les tissus élaborés à partir de l'œuf et qui servent d'intermédiaire entre la mère et l'enfant. Il s'agit essentiellement du placenta, du cordon ombilical et de la cavité amniotique.

Le placenta

Les villosités qui entouraient complètement la partie externe de l'œuf (voir figure pages 26 et 49) se sont peu à peu développées à l'endroit où est fixé le cordon ombilical. Elles grandissent et se ramifient, formant de petits arbres très chevelus destinés à augmenter les surfaces d'échanges entre sang maternel et sang fœtal. Cet ensemble de villosités, localisées en un seul endroit, aboutit à la fin du 3e mois à la formation du placenta, organe en forme de disque, intermédiaire vital entre la mère et l'enfant. Les petits lacs sanguins séparant les troncs villeux et dans les-

À SAVOIR

Transfert des nutriments

Le passage de l'eau, des sels minéraux, des sucres et des acides aminés se fait rapidement. Certains produits sont stockés pour constituer des réserves, comme le fer et le calcium ; d'autres sont transformés grâce à une activité métabolique importante. Le taux du glucose sanguin fœtal est réglé par le placenta jusqu'à ce que le foie du bébé puisse assurer lui-même cette fonction, à la fin de la grossesse. Le placenta assure également le transfert des vitamines du groupe B, ainsi que les vitamines D et E. La vitamine A est stockée dans le foie du bébé, la vitamine C s'accumule dans le placenta qui la lui distribue jusqu'au 8e mois, période à partir de laquelle elle est directement stockée dans ses glandes surrénales et son foie. Le placenta laisse également passer de la mère vers l'enfant l'alcool, le tabac, les médicaments et les drogues, il ne faut pas l'oublier.

Le bébé vit en vase clos dans l'utérus où il baigne dans le liquide amniotique.

quels trempent les villosités contiennent environ 150 cm^3 de sang, qui se renouvelle 3 à 4 fois par minute.

Le placenta s'épaissit progressivement par l'allongement de la prolifération des villosités et non aux dépens des tissus maternels. Son accroissement en surface est sensiblement parallèle à celui de l'utérus. Il couvre approximativement, durant toute la durée de la grossesse, 25 à 30 % de la surface interne de l'utérus.

Rôle du placenta

Le placenta, organe transitoire, indispensable au maintien de la grossesse et au développement du bébé, sert à la fois de poumon, de rein, d'intestin et de foie. Il assure de multiples fonctions.

• **Fonction respiratoire**

L'oxygène du sang de la mère passe à travers les parois des villosités et oxygène le sang du fœtus. Le sang oxygéné irrigue le foie, le cœur, le cerveau et tous les autres organes non encore fonctionnels. Le gaz carbonique est rejeté de l'enfant vers la mère.

• **Fonction nutritive**

C'est à travers le placenta que sont transportés vers le bébé, toujours par la circulation sanguine, tous les nutriments de base (voir p. 46) directement issus de la dégradation des aliments de la mère.

• **Fonction endocrine**

Considéré comme une véritable glande, le placenta sécrète ses propres hormones, nécessaires à la bonne marche de la grossesse et au bon développement du bébé. Ces hormones vont prendre le relais des ovaires à partir du 4e mois. Leur dosage renseigne sur la vitalité de la grossesse.

• **Fonction protectrice**

Le placenta arrête de nombreuses bactéries ou ne les laisse passer que très tard, vers la fin de la grossesse, quand la paroi des villosités devient extrêmement fine pour augmenter encore les échanges entre sang maternel et sang fœtal.

En revanche, les virus le traversent facilement.

Heureusement, les anticorps maternels passent également vers l'enfant et l'immunisent contre la plupart des maladies infectieuses, même six mois après la naissance, le temps que son propre système immunitaire se mette en place.

RÔLE DU PLACENTA

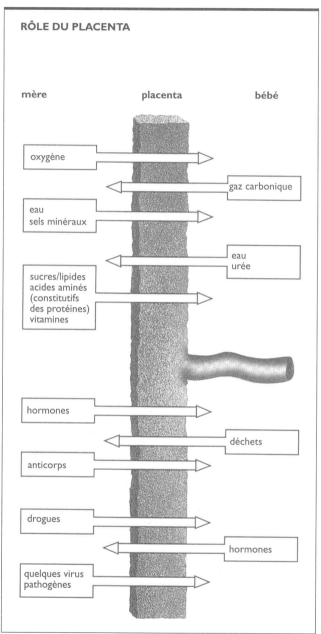

| mère | placenta | bébé |

- oxygène →
- ← gaz carbonique
- eau sels minéraux →
- ← eau urée
- sucres/lipides acides aminés (constitutifs des protéines) vitamines →
- hormones →
- ← déchets
- anticorps →
- drogues →
- ← hormones
- quelques virus pathogènes →

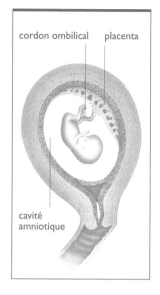

cordon ombilical   placenta

cavité amniotique

La veine ombilicale puise dans le sang maternel, par l'intermédiaire du placenta, nourriture et oxygène et les dirige, grâce à un réseau de petits vaisseaux veineux, vers les organes du bébé. Puis les artères ombilicales évacuent les déchets, dus au métabolisme du bébé, vers le placenta qui les déverse dans la circulation maternelle.

Il est à noter que dès la naissance, c'est l'inverse : ce sont les artères qui transportent le sang riche en nutriments et en oxygène et les veines qui remportent le sang chargé de déchets.

À SAVOIR

Rôle du liquide amniotique

• Il protège le bébé des chocs et des bruits, en formant autour de lui un coussin liquide mais aussi des germes qui pourraient venir du vagin. La cavité amniotique est hermétique et le liquide est stérile.

• Il apporte de l'eau et des sels minéraux au fœtus qui en ingurgite.

• Il donne des informations sur la santé du bébé. Dans le cas d'une suspicion de maladie chromosomique, les cellules fœtales flottant dans le liquide amniotique sont recueillies par amniocentèse puis mises en culture afin d'en étudier les chromosomes.

• Il aide le col à se dilater au moment de l'accouchement. L'accumulation du liquide dans la partie inférieure de l'utérus, au terme de la grossesse, forme la «poche des eaux» qui, en descendant, aide à la dilatation du col. La perte des eaux correspond à la rupture des membranes. Le liquide amniotique qui s'échappe alors sert à lubrifier les voies génitales pour le passage de l'enfant.

En perpétuel mouvement, le liquide amniotique est régulièrement renouvelé.

Le cordon ombilical

C'est le pédicule qui relie le bébé à sa mère par l'intermédiaire du placenta. À ce stade du développement, le cordon ombilical est encore très gros car, en plus des 2 artères et de la veine qui assurent la survie du bébé, il contient les anses intestinales contournées qui ne tiennent pas dans la cavité abdominale, encore trop petite.

Le cordon s'allonge et s'amincit au cours de la grossesse. Très souple, il permet au bébé tous les mouvements possibles.

Près de la naissance, il a une épaisseur d'environ 2 cm de diamètre et mesure 50 à 60 cm de longueur.

À la naissance, la section du cordon ombilical rompt définitivement les liens entre la circulation maternelle et celle de l'enfant qui devient totalement autonome.

Ce qui reste du cordon, sur l'abdomen de l'enfant, sèche et tombe quelques jours après, en laissant une cicatrice indélébile : l'ombilic, plus connu sous le nom de nombril.

La cavité et le liquide amniotique

Nourri par l'intermédiaire du placenta et du cordon ombilical, votre bébé est protégé par les enveloppes qui l'entourent. Suspendu dans la cavité amniotique par le cordon, il vit et se déplace dans le liquide qui la remplit en prenant appui sur la paroi avec ses pieds.

Le liquide amniotique est un moyen d'échanges supplémentaires entre la mère et l'enfant par les substances qu'il contient. D'abord liquide clair, aqueux, sécrété par les cellules de l'amnios, membrane qui délimite la cavité, il est ensuite enrichi de sels minéraux puis de sécrétions issues de l'organisme maternel et du fœtus lui-même, au fur et à mesure de sa croissance.

La quantité de liquide amniotique varie en fonction de l'âge de la grossesse. Mesurée lors des échographies, elle est de 20 cm^3 à la 7e semaine, de 300 à 400 cm^3 à la 20e et se stabilise ensuite aux alentours de 500 cm^3.

On parle :

• d'oligoamnios quand le volume ne dépasse pas 200 cm^3, ce qui peut avoir des conséquences graves sur le développement pulmonaire ;

• d'hydramnios quand le volume est supérieur à 2 litres. Cela peut révéler une malformation du tube digestif ou encore du système nerveux central ;

• d'anamnios lorsqu'il y a absence de liquide. La vie du bébé est alors compromise. Les cas sont heureusement très rares (0,4 %).

Les annexes chez les jumeaux

La disposition des annexes fœtales varie selon le type de jumeaux (voir page 19).

Quand il s'agit de jumeaux frères, que l'on appelle habituellement « faux jumeaux », résultant de la fusion de deux spermatozoïdes avec deux ovocytes différents, il y a formation de deux œufs différents. Chaque œuf s'implante individuellement dans l'utérus et y développe son propre placenta et sa propre cavité amniotique.

Quand il s'agit de vrais jumeaux résultant du clivage d'un seul œuf, il peut y avoir plusieurs cas :
• chaque embryon possède son placenta et sa cavité amniotique, comme dans le cas de faux jumeaux. Le diagnostic de vrais jumeaux est alors fait par la similitude des groupes sanguins, des empreintes digitales, du sexe et de l'aspect physique comme la couleur des yeux ou celle des cheveux. La carte génétique est rigoureusement identique chez les vrais jumeaux ;
• le plus fréquemment, les deux embryons ont un placenta commun et des cavités amniotiques séparées ;
• dans de rares cas, les deux embryons ont un placenta et une cavité amniotique communs.

LES ANNEXES CHEZ LES JUMEAUX

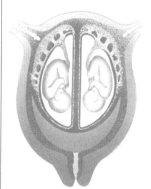 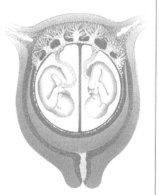

Faux jumeaux et quelques vrais jumeaux : chaque bébé possède son placenta et sa cavité amniotique.

Vrais jumeaux : les deux bébés ont un placenta commun et des cavités amniotiques séparées.

Le liquide amniotique a une saveur qui varie en fonction de l'alimentation de la mère, tout comme le lait maternel après la naissance.
C'est le premier apprentissage du goût.

Votre évolution

Votre utérus a maintenant la taille d'un gros pamplemousse.
Votre cœur bat plus vite. Cette accélération cardiaque est directement liée à l'augmentation importante du volume sanguin. Toute cette masse sanguine à mouvoir, dont 25 % sont directement utilisés par le système placentaire, entraîne un travail accru de la part du cœur. Cela peut avoir pour conséquence, pour vous, un léger essoufflement à l'effort.

CONSEILS

Marchez

Vous devez fournir de l'oxygène à votre bébé et rejeter son gaz carbonique. Marchez au moins 30 mn chaque jour, en respirant calmement. Choisissez un endroit tranquille, loin des fumées de voitures, dans un jardin ou un square de la ville, à défaut de campagne. La marche est excellente pour la circulation sanguine, la constipation et l'état de stress.

CONSEILS

Détendez-vous

Évitez autant que possible toute cause de stress ou d'énervement. L'adrénaline que vous libérez subitement sous l'effet d'une émotion quelconque franchit le placenta et gagne votre bébé, dont le cœur s'accélère soudain sous l'influence de vos propres émotions.

Indispensable : l'hygiène de vie

Vos reins travaillent davantage. Votre sang qui transporte les nutriments et l'oxygène vers votre bébé récupère aussi ses déchets et doit donc les éliminer. Le gaz carbonique est rejeté au niveau de vos poumons tandis que les déchets métaboliques sont filtrés par votre système rénal.

Votre bébé grossit et grandit. Il élabore ses os et ses muscles et a donc besoin de tous les éléments constitutifs indispensables à leur formation et à leur croissance. Il puise dans votre sang tout ce dont il a besoin et en particulier les acides aminés qui, en s'assemblant, constituent les protéines, matière de base des muscles. Il puise également du calcium et d'autres sels minéraux pour l'édification de son squelette, du fer pour la formation de ses globules rouges, des vitamines qui permettent les réactions biochimiques au sein de ses cellules.

Il fait actuellement une énorme consommation de tous ces éléments, parmi beaucoup d'autres. S'ils ne sont pas apportés en quantité suffisante dans votre sang par l'alimentation, il prendra quand même ce dont il a besoin, à votre propre détriment. Aussi, nourrissez-vous correctement et buvez pour aider vos reins dans leur travail supplémentaire d'élimination des déchets. Boire beaucoup vous aidera à éviter les petites infections urinaires, fréquentes chez la femme enceinte.

Peut-on pratiquer un sport en étant enceinte?

Oui, si c'est un sport auquel vous êtes habituée, si vous le pratiquez avec modération et si vous êtes assez raisonnable pour arrêter le jour où vous vous sentirez moins à l'aise.
En toute occasion, respectez cette règle : ne pas forcer, s'arrêter dès que la fatigue se fait sentir.

Vous pouvez faire de la gymnastique, mais pas n'importe laquelle. Évitez l'aérobic et la musculation, beaucoup trop violents pour les muscles et les ligaments, même si vous êtes habituée à ces pratiques. Préférez les gymnastiques douces comme le stretching qui assouplit les ligaments et étire les muscles en finesse. Faire du yoga est bien sûr une excellente préparation à l'accouchement.

Si vous pratiquez depuis un certain temps la danse rythmique ou classique, le tennis, la planche à voile, vous pouvez continuer à condition que ce soit uniquement pour vous distraire.

Refusez toute espèce de compétition qui vous ferait faire des mouvements imprudents et vous obligerait à une dépense énergétique trop importante.

Non à tous les sports où il y a risque de chute, de secousses qui malmènent l'utérus, d'obligation de courir qui provoque l'essoufflement. Pour ces raisons, vous éviterez les jeux d'équipe, le judo, le patinage, l'équitation, le ski qu'il soit de descente ou de fond, le ski nautique, l'escalade et tout ce que votre bon sens vous indiquera.

Vous pouvez faire un peu de bicyclette au début de votre grossesse car elle est bonne pour le cœur qu'elle tonifie. Mais lorsque vous commencerez à vous sentir un peu moins agile, cessez car vous risquez la chute.

Peut-on avoir des rapports sexuels pendant la grossesse ?

Oui, si votre grossesse se déroule normalement et si vous en avez le désir.

Vous pouvez continuer à avoir une sexualité normale sans vous faire de souci pour votre bébé. Le col de l'utérus, placé très haut dans le vagin et fermé, ne laisse rien passer dans l'utérus. Votre bébé est bien à l'abri au centre de ce gros muscle, protégé de surcroît dans la bulle de la cavité amniotique remplie de liquide et qui amortit toutes les ondes de choc.

Si vous n'éprouvez pas de désir, qui peut être en sommeil en début de grossesse alors que votre organisme est soumis à un changement important sur le plan hormonal, parlez-en sans fausse pudeur à votre compagnon. Il comprendra votre désaffection passagère pour les choses de l'amour. Cela vous évitera de faire l'amour par «devoir conjugal», sans plaisir, et d'en perdre ainsi l'envie, même après l'accouchement, par la création d'une sorte de réflexe conditionné de déplaisir.

CONSEILS
La natation
La natation est le sport idéal pour la femme enceinte. L'eau qui vous porte en partie vous rend plus légère. Vous y ferez des exercices musculaires que vous auriez du mal à faire au sol. Évidemment, vous ne plongerez pas.

CONSEILS
Une autre sexualité
Si la pénétration vous incommode, vous pouvez néanmoins avoir une sexualité agréable par des caresses manuelles et buccales. Vous développerez ainsi une tendresse et une attention au plaisir de l'autre qui vous apporteront un épanouissement sexuel indispensable à la vie de couple.

Rien ne vous empêche d'avoir des relations sexuelles pendant la grossesse.

À SAVOIR
Reconnaître l'infection urinaire

• Une petite brûlure au moment de l'émission de l'urine. Vous pouvez vérifier tout de suite si vous avez ou non une infection en achetant chez votre pharmacien une bandelette de dépistage.
La détection de nitrites est le signe d'une présence bactérienne.

• Des envies fréquentes d'uriner, de jour comme de nuit, avec de fortes brûlures au passage de l'urine. Vous avez dans ce cas les signes cliniques d'une véritable infection urinaire.

À SAVOIR
Reconnaître l'infection génitale

• Des sécrétions suspectes, plus abondantes qu'à l'accoutumée ou à consistance plus épaisse ou ayant une mauvaise odeur.

• Des démangeaisons ou des brûlures dans la région vulvaire.

• Des rapports sexuels douloureux.

• Votre compagnon a lui-même une infection.

1 femme enceinte sur 10 souffre d'infection urinaire. Pour la prévenir, buvez beaucoup d'eau.

À signaler à votre médecin : des rapports sexuels douloureux

• Si la pénétration est douloureuse par inflammation de l'entrée du vagin. À l'inflammation s'ajoute une contracture de défense qui augmente encore la difficulté. Signalez-le à votre médecin qui vous donnera un traitement approprié.

• Si les rapports provoquent des saignements et des contractions de l'utérus. Dans ces conditions, faites-vous examiner rapidement. C'est peut-être le signe d'un début de fausse couche.

Les infections urinaires ou génitales

Ne laissez pas traîner de petites infections locales de la zone urogénitale. Elles peuvent empirer et être à l'origine de complications graves.

Les infections urinaires

L'infection urinaire est un trouble fréquent chez la femme enceinte puisque près de 10 % d'entre elles en souffrent. Elle n'est pas forcément infectieuse et peut être simplement due au froid ou le plus souvent à une absorption en eau insuffisante. Votre bébé prend dans votre sang l'eau dont il a besoin. Si vous ne buvez pas suffisamment, votre sang est plus concentré, de même que votre urine qui devient irritante.

Signalez à votre médecin toute sensation de brûlure pendant la miction

Votre médecin fera rechercher dans vos urines la présence d'un microbe. Une fois le germe détecté, le médecin pourra entreprendre un traitement approprié.
Ne faites surtout pas de médication sauvage en prenant un remède prescrit pour une infection urinaire antérieure. Il ne s'agit pas nécessairement du même microbe. Vous risquez de masquer le vrai problème, ce qui engendrera des complications.

Les conséquences d'une infection urinaire

• **Pour la mère :** l'infection peut gagner les reins. Il existe un risque de fausse couche ou, plus tard dans la grossesse, d'accouchement prématuré.

• **Pour le bébé :** elle peut freiner sa croissance.

La prévention

• Buvez systématiquement beaucoup d'eau.

• Reposez-vous bien au chaud. Évitez le froid et l'humidité.

• Vérifiez le pH de l'urine par une languette de papier qui change de couleur suivant qu'elle est acide ou basique.

Les infections génitales

La grossesse provoque une augmentation des sécrétions vaginales, ou pertes blanches. Elles n'ont pas de signification particulière sauf si elles présentent un aspect inhabituel.

Signalez à votre médecin toute perte vaginale suspecte

Quel que soit le cas, vous devez consulter votre gynécologue rapidement. Lui seul peut décider du traitement à suivre.

Un prélèvement des sécrétions vaginales sera soumis à l'examen par un laboratoire qui déterminera de quel type d'infection il s'agit. Le traitement approprié devra être également suivi par votre compagnon.

Les conséquences d'une infection génitale

Il ne faut négliger aucun type d'infection. Traitée à temps, elle sera sans conséquence mais, laissée sans soin, elle va s'étendre et pourra être responsable :
• d'un avortement spontané au premier trimestre ;
• d'un accouchement prématuré, si l'infection survient plus tardivement ;
• d'une infection aiguë (infection puerpérale) de la mère au moment de l'accouchement ;
• d'une infection de l'enfant au moment de l'accouchement ;
• ultérieurement, de métrites et de salpingites chroniques.

La prévention

La seule prévention possible est d'avoir une hygiène parfaite.
• Après chaque selle, vous devez vous essuyer d'avant en arrière pour ne pas amener les germes en provenance de l'intestin vers la vulve. Vous vous laverez après chaque selle.
• Changez vos serviettes-éponge et gants de toilette très souvent.
• Veillez à ce que votre conjoint ait, lui aussi, une hygiène irréprochable, notamment avant de vous approcher pour l'amour.

Votre hygiène corporelle

Votre hygiène doit être rigoureuse bien qu'elle doive rester simple et sans excès.

En élevant la température de base de votre corps, la grossesse favorise la transpiration. Aussi, une bonne hygiène consistant en la prise de douches quotidiennes est-elle encore plus indiquée que d'habitude.

Préférez les douches aux bains, plus toniques pour l'organisme en général et plus raffermissantes pour les seins et la peau de

CONSEILS
La toilette intime
La toilette vulvaire doit être effectuée matin et soir avec un savon doux que vous rincerez correctement. Séchez avec un mouchoir jetable fraîchement sorti de sa boîte.
Contentez-vous d'un lavage externe. Les douches vaginales, quel que soit le produit utilisé, sont tout à fait nuisibles. Elles provoquent la destruction des bactéries qui peuplent le milieu vaginal et lui assurent une défense naturelle. Faire une toilette interne, c'est ouvrir la porte à de futures infections vaginales.
La toilette anale doit être faite systématiquement à chaque fois que vous allez à la selle afin d'éviter que les germes naturellement présents dans les matières fécales ne migrent vers le vagin et n'y provoquent des infections.

Pendant toute la grossesse, ayez une hygiène particulièrement rigoureuse afin d'éviter tout type d'infection qui pourrait nuire à vous et votre enfant.

Travail et droits

Une femme enceinte n'est pas tenue de signaler son état à son futur employeur. Un employeur ne peut refuser de l'embaucher sous prétexte qu'elle est enceinte.

● Une femme enceinte peut rompre son contrat de travail sans préavis et sans payer d'indemnités de rupture.

● Elle peut demander un changement d'affectation durant sa grossesse. Dans ce cas, son salaire ne peut être diminué, quelles que soient ses nouvelles fonctions, si elle a 1 an d'ancienneté dans l'entreprise. Certains contrats de travail ou conventions collectives autorisent une réduction des horaires sans diminution de salaire.

● Après un congé parental, elle peut solliciter son réembauchage dans l'entreprise dans un délai de 12 mois par lettre recommandée avec AR. L'employeur est tenu de la réembaucher à un poste correspondant à sa qualification et à donner les mêmes avantages qu'auparavant.

Prévenez le plus tôt possible votre employeur afin qu'il puisse s'organiser pour votre remplacement.

l'abdomen en particulier. Utilisez de préférence un savon gras plutôt qu'un produit moussant, qui décape la peau. Le film gras, protecteur naturel de la peau, ne doit pas être éliminé par des produits trop agressifs, sous peine de favoriser divers types d'affections cutanées tels que les mycoses ou des démangeaisons. En outre, certains produits risquent de déclencher des allergies se manifestant par de l'urticaire ou par un gonflement des articulations pouvant être accompagné de fièvre.

Après votre douche, n'oubliez pas d'adoucir votre peau avec une crème nourrissante ou hydratante et de traiter les zones délicates que sont les seins et la peau de l'abdomen par des produits appropriés.

Votre obligation du 3e mois : prévenez votre employeur

N'attendez pas que votre état se voie pour prévenir votre employeur. Que vous soyez dans une petite ou une grande entreprise, vous n'ignorez pas que votre remplacement va poser un problème, et bien que la loi ne vous y oblige pas, à ce stade de votre grossesse, choisissez de l'en avertir.

En prévenant dès à présent votre employeur, il ne se sentira pas pris à la gorge et aura le temps de vous trouver une remplaçante. Gardez de bonnes relations avec lui et vos collègues en restant naturelle.

Soyez disponible pour mettre au courant la personne qui vous remplacera. Votre patron vous saura gré de votre attitude et, à votre retour de congé de maternité, vous n'en serez que mieux accueillie.

Ne culpabilisez pas. Vous êtes enceinte, vous en avez le droit. En fin de congé postnatal, vous êtes tenue de prévenir votre employeur par lettre recommandée avec accusé de réception, au moins 15 jours avant la date normale de reprise du travail.

Grossesse et garantie de l'emploi

Le licenciement d'une femme salariée est annulé si, dans un délai de 15 jours à partir de la notification de son licenciement, elle envoie à son employeur, par lettre recommandée avec accusé de réception, un certificat médical attestant qu'elle est enceinte.

On ne peut licencier une femme dont la grossesse a été constatée médicalement. Le licenciement ne pourra avoir lieu qu'à la fin de la 4e semaine de travail repris après le congé de maternité. Des exceptions cependant :
• une faute grave de la part de l'employée ;
• si elle arrive au terme d'un contrat à durée déterminée ;

• si elle part en congé de maternité sans avoir prévenu ;

• s'il y a impossibilité pour l'employeur de continuer à l'employer pour un motif indépendant de la grossesse.

La femme enceinte est tenue de prévenir son employeur au plus tard juste avant son congé de maternité. Elle lui enverra son certificat de grossesse et une lettre recommandée avec accusé de réception lui indiquant la date présumée de son accouchement et celle du congé de maternité.

Le licenciement ne peut prendre effet pendant la période légale du congé de maternité.

Un employeur doit respecter le repos légal de la future mère et ne pas l'employer pendant une période totale de 8 semaines, dont 6 après l'accouchement.

Le mode d'allaitement de votre enfant

À ce stade de grossesse, vous ne savez pas encore si vous désirez allaiter ou non votre enfant. Vous êtes indécise, et c'est normal. Prenez le temps d'y penser, mais sachez que vous pourrez le décider au dernier moment : quand votre bébé sera là !

Le lait maternel

C'est le seul aliment naturel et complet parfaitement adapté aux besoins de l'enfant puisque sa composition se modifie progressivement en fonction de sa croissance.

Dès les premiers jours, il est épais et jaune. C'est le colostrum, chargé notamment de purger le nouveau-né du méconium, substance accumulée dans l'intestin au cours de la vie intra-utérine. Après quelques jours, le lait devient plus fluide et plus orangé. Riche en graisses et en sucres, ce lait dit lait de transition permet au bébé d'entamer sa prise de poids.

Après la 3e semaine apparaît le lait mature, blanc bleuté, qui contient tous les éléments nécessaires à la croissance de l'enfant.

Le lait maternel ne se modifie pas seulement au cours du temps, il évolue aussi au cours de la tétée. Clair et fluide au début, il met le bébé en appétit avant de le rassasier par un lait plus épais et quatre fois plus riche en graisses à la fin de la tétée.

Le lait maternel développe le goût de votre bébé car il s'aromatise différemment suivant votre alimentation.

Indépendamment des facteurs nutritionnels, ce qui différencie essentiellement le lait maternel du lait artificiel est l'apport, dès les premières tétées, d'anticorps dirigés contre les germes présents dans l'environnement de la mère et donc de l'enfant.

À SAVOIR
Bienfaits du lait maternel
Quelles que soient les qualités des laits artificiels, ils n'ont pas celles du lait maternel car leurs protéines restent des protéines de vache. Certains chercheurs estiment que l'ingestion trop précoce de protéines animales, non spécifiques à notre espèce alors que la barrière intestinale est encore immature, jouerait un rôle important dans le développement de maladies allergiques comme l'eczéma et l'intolérance au lait de vache.

À SAVOIR
Si vous pensez allaiter, sachez que :
• l'alcool que vous ingérerez et la nicotine des cigarettes que vous fumerez passeront dans le lait et intoxiqueront votre bébé ;
• les antibiotiques passent dans le lait et risquent de perturber, de façon parfois irréversible, la flore bactérienne de l'enfant qui tète. Il est possible dans ce cas, lors d'un traitement court, d'arrêter d'allaiter son bébé, de tirer son lait, puis de reprendre après le traitement.

À SAVOIR
Vos bouts de seins ne sont pas sortis
Vos seins évoluent tout au long de la grossesse. Ils se préparent graduellement à assumer leur fonction.

Allaiter ou pas ?

● Ne subissez pas l'influence de votre entourage. Faites ce que vous ressentez profondément.

● Si vous ne désirez pas allaiter pour une raison que vous ne savez pas expliquer, ne vous culpabilisez pas. Quel que soit le mode d'allaitement que vous choisirez, vous serez tout aussi bonne mère qu'une autre et votre enfant sera tout aussi beau et intelligent qu'un autre.

● Si vous hésitez, sachez que le lait maternel présente de nombreux avantages sur le lait artificiel.

CONSEILS

Exercices pour les seins

● Levez les coudes à la hauteur des épaules et appuyez le plus fortement possible les paumes des mains l'une contre l'autre. Comptez jusqu'à 10, relâchez, baissez les coudes sans décoller les mains. Recommencez 10 fois.

● Écartez les bras horizontalement et tendez-les en arrière le plus loin possible. Ramenez-les le long du corps et recommencez 10 fois.

● Faites de grands cercles avec les bras tendus à l'horizontale. Recommencez 10 fois.

Outre les anticorps contre des virus dangereux tel le virus de la poliomyélite, le lait maternel contient des anticorps contre tous les germes intestinaux responsables de diarrhées. Leur action locale essentielle est d'empêcher l'adhésion des bactéries sur les muqueuses intestinales : elles sont agglutinées et éliminées dans les selles.

La concentration des anticorps varie au cours de la lactation. Elle est maximale dans le colostrum présent les cinq premiers jours.

Dans nos pays où la mortalité infantile est ramenée à des taux très faibles, l'effet de protection du lait maternel comparé à celui du lait artificiel est moins évident que dans les pays en voie de développement. Malgré tout, avant l'âge de 7 mois, la fréquence des infections digestives et respiratoires est plus élevée chez les nourrissons élevés au biberon.

Les laits maternisés

Ils font constamment l'objet de recherches très approfondies à seule fin de les rapprocher le plus possible du lait de femme. Ils devraient être encore améliorés à l'avenir grâce à l'étude des anticorps, des vitamines, des oligoéléments et des hormones présents dans le lait maternel.

Ne culpabilisez pas

Si vous ne désirez pas allaiter ou si, une fois rentrée chez vous, face à diverses difficultés, vous optez pour l'allaitement artificiel, ne vous sentez pas coupable d'être une mauvaise mère. Il vaut mieux pour votre bébé une mère détendue et gaie, heureuse de donner le biberon, plutôt qu'une mère nerveuse, inquiète de savoir si elle a assez de lait, s'il est de bonne qualité, si son enfant tète suffisamment.

Quant à la relation intime mère-enfant prolongée par la tétée, le fait de donner le biberon est aussi source de joie et d'émotion. La mère qui tient son enfant contre elle en le faisant boire lui donne tout autant de tendresse et d'amour.

En outre, le père peut, lui aussi, donner le biberon et tisser avec son enfant les mêmes liens que la mère. Ce n'est plus alors un spectateur qui se sent exclu et inutile puisqu'il peut partager avec la mère cette fonction essentielle : l'alimentation de leur petit.

Précautions beauté

Pour que vos seins retrouvent toute leur beauté après la grossesse et l'allaitement, tonifiez dès maintenant les muscles qui les soutiennent (voir les exercices en encadré).

LE 3ᴱ MOIS DE VOTRE GROSSESSE

Âge de la grossesse	9ᵉ semaine	10ᵉ semaine	11ᵉ semaine	12ᵉ semaine	13ᵉ semaine
OBSERVATIONS GÉNÉRALES		L'utérus commence à monter dans la cavité abdominale. La vessie est moins comprimée.		Votre bébé puise dans votre sang : • calcium, • sels minéraux, • fer, • vitamines.	L'utérus a la taille d'un pamplemousse. Votre ventre commence à s'arrondir.
SYMPTÔMES POSSIBLES	Accélération cardiaque due à l'augmentation du volume sanguin. Essoufflement à l'effort possible. Les reins travaillent plus.	Les envies d'uriner deviennent moins fréquentes. Les nausées s'estompent.	Votre cœur a 6 à 8 battements de plus par minute.	Anémie si votre alimentation n'est pas correcte.	
PRÉCAUTIONS À PRENDRE	Marcher pour s'oxygéner le sang. Boire beaucoup pour éviter les infections urinaires.	Éviter les sports violents ou pouvant provoquer une chute.		À signaler à votre médecin : des rapports sexuels douloureux.	À signaler à votre médecin : • une petite brûlure en urinant, • des pertes vaginales suspectes.
EXAMENS		Iʳᵉ échographie.			Si votre grossesse est à risque : ponction du cordon ombilical, suivant le cas.
DÉMARCHES			Prévenez votre employeur de votre grossesse.	C'est l'ultime délai pour déclarer votre grossesse.	

Quatrième mois

Durant ce quatrième mois, la vitesse de croissance de votre bébé va passer par un maximum.

Tous ses principaux organes sont à présent en place et ont commencé à fonctionner. Jusqu'à présent, ils travaillaient séparément les uns des autres mais, pendant ce 4ᵉ mois, des relations vont s'établir entre eux. Ils vont apprendre à travailler ensemble, chaque organe dépendant du travail d'un autre pour gouverner l'organisme tout entier. Cette mise en place qui commence va se poursuivre progressivement pendant les mois qui suivent. C'est la longue maturation de votre bébé qui s'amorce. Quant à vous, vous allez vivre une nouvelle expérience. Une sensation exaltante et bouleversante. Alors que vous serez allongée tranquillement, vous allez soudain sentir un léger mouvement en vous. C'est votre bébé qui bouge ! Pour la première fois, vous allez vraiment réaliser qu'il est là, en vous. Qu'il vit !

> ❯ Du début de la 16ᵉ semaine depuis le 1ᵉʳ jour des dernières règles à la fin de la 19ᵉ semaine.

> ❯ Du début de la 14ᵉ semaine de grossesse à la fin de la 17ᵉ semaine de grossesse.

L'évolution de votre bébé

Votre bébé devient plus actif à partir de cette 14ᵉ semaine de grossesse. En plus des mouvements physiques involontaires des bras et des jambes, il est capable d'ouvrir la bouche, de tourner les yeux et de froncer les sourcils !

4ᴱ MOIS

Le 4ᵉ mois correspond à une période qui va :

- du début de la 16ᵉ semaine depuis le 1ᵉʳ jour de vos dernières régles jusqu'à la fin de la 19ᵉ semaine.
- du début de la 14ᵉ semaine de grossesse, à la fin de la 17ᵉ semaine de grossesse.

A SAVOIR

Bébé respire

N'oubliez pas que votre bébé respire par l'intermédiaire de votre sang. Vous lui apportez de l'oxygène et le débarrassez du gaz carbonique qu'il rejette. C'est la raison pour laquelle il n'a pas besoin de ses poumons pour le moment.

La déglutition et la respiration requièrent une coordination complexe entre les nerfs et les muscles. Le liquide amniotique est un bon milieu qui permet «l'entraînement» de ces activités avant la naissance.

Ses organes se développent

C'est maintenant, vers le début du 4ᵉ mois, que l'intestin qui s'est beaucoup développé commence à réintégrer la cavité abdominale qui s'est agrandie. La glande thyroïde commence à être fonctionnelle et fabrique l'hormone thyroïdienne, si importante durant toute la vie de l'individu. Elle assurera, entre autres, la croissance de l'enfant. Pour travailler normalement, la cellule thyroïdienne a besoin d'iode, qui lui est apporté par l'alimentation. Utiliser régulièrement du sel marin assure un apport en iode suffisant.

Les poumons n'ont pas encore d'activité en tant qu'organe de la respiration. Cependant, de pseudo-mouvements respiratoires ont lieu. Ils sont encore peu fréquents, rapides et irréguliers. Ces mouvements de la poitrine qui se lève et s'abaisse ont pour résultat de faire entrer dans les poumons du liquide amniotique puis de l'expulser.

À la 17ᵉ semaine de grossesse, les fibres nerveuses de la moelle s'entourent de myéline. Il s'agit d'une substance riche en lipides qui sert de gaine isolante protectrice. Elle permet la conduction de l'influx nerveux sans risque de courts-circuits. L'intestin de votre bébé continue à se développer. Tout en s'allongeant, il se contourne et prend sa place définitive. Une petite expansion apparaît : c'est l'appendice !

Dans l'intestin, une substance appelée méconium, composée de petits débris cellulaires qui flottent dans le liquide amniotique et que votre bébé avale, commence à s'accumuler. À la naissance, le bébé éliminera ce méconium. Ce sera le premier mouvement actif de son intestin.

La cavité amniotique contient à présent 250 cm³ de liquide. Ce volume va augmenter avec l'âge de la grossesse.

Il bouge... et vous le sentez !

Votre bébé bouge dans ce liquide, et si vous avez déjà eu d'autres enfants, vous pouvez déjà percevoir ses mouvements dès la 15ᵉ semaine. S'il s'agit de votre premier enfant, c'est approxi-

LE 4ᴱ MOIS DE VOTRE BÉBÉ

Âge de votre bébé	14ᵉ semaine	15ᵉ semaine	16ᵉ semaine	17ᵉ semaine
SA TAILLE	9 cm de la tête au coccyx. 14 cm de la tête aux talons.	10 cm de la tête au coccyx. 16 cm de la tête aux talons.	11 cm de la tête au coccyx. 17,5 cm de la tête aux talons.	12 cm de la tête au coccyx. 19 cm de la tête aux talons.
SON POIDS	110 g	135 g	160 g	200 g
SON DÉVELOPPEMENT	La tête de votre bébé est à présent tout à fait droite. Il tourne les yeux et fronce les sourcils. Les jambes sont à présent plus longues que les bras. Apparition dans l'épiderme des corpuscules du toucher. L'intestin rentre dans la cavité abdominale. Sécrétion de l'hormone thyroïdienne.	Pseudo-mouvements respiratoires : le liquide amniotique entre puis sort des poumons.	Les oreilles sont à présent bien placées sur les côtés de la tête. La rétine est sensible à la lumière mais votre bébé garde les yeux fermés, protégés par ses paupières. Le corps de votre bébé se couvre d'un fin duvet : le lanugo.	La peau est transparente : on y voit le réseau des capillaires sanguins. Les fibres nerveuses de la moelle épinière s'entourent de myéline, conductrice de l'influx nerveux. L'appendice de l'intestin se forme. Le méconium commence à s'accumuler dans l'intestin.
OBSERVATIONS GÉNÉRALES	Des relations s'établissent entre les organes qui commencent à travailler ensemble.	L'électro-cardiogramme de votre bébé est semblable à celui d'un adulte.		Votre bébé bouge mais il se peut que vous ne le sentiez pas encore. La cavité amniotique contient 250 cm³ de liquide.

mativement à partir de la 17ᵉ semaine que vous allez vivre cette sensation émouvante. Sans que vous vous y attendiez, vous allez soudain sentir un léger mouvement en vous. C'est votre bébé qui bouge ! Cette fois, ça y est, vous savez qu'il est là en vous. Qu'il vit.

Votre évolution

Vous entrez dans une période privilégiée où vous allez vous sentir bien car les nausées et la fatigue des premiers mois sont passées. Méfiez-vous de votre appétit retrouvé. Veillez à équilibrer vos repas de façon à apporter à votre bébé tous les éléments dont il a besoin mais ne vous laissez pas aller à la gourmandise (évitez 4 boules de glace d'un coup !). Vous risqueriez de le regretter ensuite.

À SAVOIR
Intestin paresseux
La grande quantité de progestérone que vous produisez a pour effet de relâcher tous vos muscles lisses. L'effet secondaire indésirable est un ralentissement des fonctions intestinales. Ne laissez pas la constipation s'installer. Mangez des produits naturels, riches en fibres. Si votre constipation est tenace, ne prenez aucun médicament sans en parler à votre médecin.

À SAVOIR
Grossesse à risque ?
Ne vous alarmez pas ! Il s'agit d'une grossesse nécessitant une surveillance un peu plus étroite et certains examens spécialisés, suivant les cas. Généralement, elle se déroule sans problème, suite à cette surveillance accrue.

Votre obligation du 4e mois : la 2e visite médicale obligatoire

Comme à chaque visite médicale obligatoire qui aura lieu désormais chaque mois, le médecin vérifiera votre poids, votre tension artérielle, l'absence d'albumine et de sucre dans vos urines. Il demandera les analyses de sang classiques pour contrôler votre glycémie et votre numération globulaire et fera un prélèvement vaginal pour une recherche de streptocoques B. À partir du 4e mois, on mesure chaque mois votre utérus avec un ruban de couturière pour contrôler la croissance du bébé. On inscrit le résultat sur votre dossier à côté des lettres HU qui signifient : hauteur utérine.

La hauteur utérine est la distance prise entre le bord supérieur du pubis et le fond de l'utérus. On sent celui-ci à la main quand la consistance ferme de l'utérus laisse place à la mollesse de l'intestin. Ce chiffre est constant pour plusieurs semaines.

À 4 mois, la hauteur utérine est de 16 cm. À 4 mois et demi, ce qui correspond au milieu de la grossesse, l'utérus arrive au nombril, soit au milieu du ventre.

L'observation du col de l'utérus

La visite médicale du 4e mois est importante car elle permet à votre médecin d'apprécier l'état de votre col et de prendre les mesures qui s'imposent. Votre médecin sera particulièrement attentif à l'état de votre col si :
• vous avez déjà eu plusieurs accouchements ;
• vous n'avez eu qu'un seul accouchement mais difficile ;
• vous avez eu une interruption volontaire de grossesse ;
• vous êtes « fille du Distilbène » (voir page 84).

Autant de causes pouvant provoquer une perte de tonicité musculaire, dont le résultat est la béance du col.

Indépendamment des accouchements, la béance du col peut être provoquée par des contractions qui allaient aboutir à une fausse couche et qui ont été arrêtées grâce à un traitement approprié et du repos. Elle peut être également congénitale et ne pas avoir de raisons apparentes. C'est le cas d'un certain nombre de futures mères.

La béance du col est toujours située du côté de l'utérus et se voit très bien à l'échographie. Suivant l'état de béance, votre médecin vous conseillera un cerclage.

Si l'on vous fait un cerclage, vous devrez prendre ensuite d'infinies précautions et en particulier vous reposer allongée le plus souvent possible, surtout à partir du 5e mois.

Si le cerclage vous provoque des contractions, vous devez en avertir votre médecin au plus vite. Il jugera de l'opportunité de vous décercler même si ce n'est pas encore le moment. C'est ce qui arrive dans 20 % des cas.

Le décerclage a souvent lieu à la 37e semaine, quelquefois plus tard. Il se fait à l'hôpital et la plupart du temps sans anesthésie. Vous avez toutes les chances d'accoucher dans les 24 heures qui suivent votre décerclage, mais il se peut aussi, si vous avez respecté toutes les recommandations de repos total, que vous accouchiez à terme.

Les grossesses à risque

Les visites mensuelles obligatoires sont d'autant plus indispensables si vous faites partie de ce que l'on appelle les « grossesses à risque », qui demandent une surveillance particulière. Le terme « grossesse à risque » n'a rien d'alarmant. Il existe uniquement pour différencier une grossesse que l'on pourrait qualifier de normale d'une grossesse qui, pour une raison ou une autre, nécessite une surveillance plus étroite et des examens particuliers. Cette surveillance de la grossesse permet de prévenir d'éventuels accidents et donc de réduire énormément les handicaps de naissance ainsi que la mortalité infantile.

La surveillance médicale sera plus étroite avec, suivant le risque et le moment de la grossesse, une visite médicale tous les quinze jours, voire toutes les semaines. Des examens spécialisés seront en outre effectués selon les cas. Il s'agit de :
• l'échographie (voir page 43),
• le doppler (voir page 44),
• la biopsie du trophoblaste (voir page 44),
• l'embryoscopie (voir page 44),
• la ponction du cordon ombilical (voir page 90),
• le dosage de l'HT 21 (voir page 85),
• le dosage d'alpha-fœtoprotéine (voir page 86),
• l'amniocentèse (voir page 86),

Le 2e examen prénatal comprend un examen clinique et des examens de laboratoire (albuminurie, glycosurie, recherche de la toxoplasmose).

À SAVOIR
Trisomie
Le risque le plus grave, lié directement à l'âge de la mère, est le risque d'avoir un enfant porteur d'une trisomie.
Les trisomies résultent d'un chromosome en trop sur les chromosomes 13, 18 et 21. Le risque de trisomie 21, que l'on appelait autrefois le mongolisme, est de 1 pour 2 000 à 28 ans. Il passe à 1 pour 500 à partir de 38 ans et à 1 pour 100 à 40 ans. Au-delà de 40 ans, le pourcentage augmente plus rapidement.
Aussi, différents examens tels que l'amniocentèse sont systématiquement proposés pour dépister toute anomalie de cet ordre (voir pages 86 et 87).

Une femme qui débute une grossesse vers 38-39 ans est plus menacée qu'une autre par le risque de maladies associées à la grossesse.

- la fœtoscopie (voir page 88),
- l'amnioscopie (voir page 139),
- la radiopelvimétrie (voir page 154).

Les facteurs de risques

80 % des femmes enceintes n'ont aucun problème. Les autres présentent un ou plusieurs facteurs qui font courir un risque à l'enfant. Le risque le plus général est la prématurité.

Il y a également les risques de retard de croissance du fœtus liés à une maladie ou au mode de vie de la future mère, ainsi que les risques de souffrance fœtale lors de l'accouchement.

L'âge de la mère

C'est un facteur de risques très important qui ne doit pas être pris à la légère.

– Quand la future mère est très jeune, moins de 18 ans, certains risques sont plus importants que chez une femme plus âgée. Le risque de toxémie gravidique, caractérisée par de l'albuminurie et de l'hypertension artérielle (voir pages 100-101), est multiplié par 3, celui d'accouchement prématuré par 2. Souvent, le poids du bébé d'une mère très jeune est inférieur à la moyenne. Ces risques sont souvent liés à des problèmes psychologiques et sociaux qui entraînent des comportements à risques. L'adolescente qui cache sa grossesse le plus longtemps possible est mal surveillée et souvent mal alimentée. Il est à noter que lorsqu'une adolescente enceinte est bien acceptée par sa famille et entourée affectivement, on observe une nette diminution des complications.

– Qu'il s'agisse ou non d'une première grossesse et même si tout va bien apparemment, être enceinte à 40 ans nécessite de prendre certaines précautions et notamment de se faire suivre très scrupuleusement. Une femme qui débute une grossesse vers 38-39 ans est plus menacée qu'une autre par le risque de maladies associées à la grossesse. Il s'agit le plus fréquemment d'hypertension et de maladies rénales qui peuvent avoir entre autres répercussions un retard dans le développement de l'enfant. Il faut savoir également que le taux de césariennes est plus élevé, notamment quand il s'agit d'un premier accouchement.

Le risque de fausse couche spontanée est également très élevé puisqu'il interrompt 33 % des grossesses entre la 8e et la 10e semaine.

Finalement, suite à une surveillance particulièrement sévère, il apparaît que les femmes enceintes de 40 ans ont souvent moins de problèmes que des femmes plus jeunes.

Le nombre de grossesses précédentes

À partir du 4ᵉ enfant, le risque d'une présentation anormale et d'un accouchement difficile augmente, car l'utérus peut avoir perdu une partie de son tonus et donc de son pouvoir de contractibilité.

Les hémorragies au moment de la délivrance sont également plus fréquentes.

Le risque de ces grossesses tient beaucoup au fait que la femme qui attend son 4ᵉ ou 5ᵉ enfant a tendance à être plus négligente dans ses précautions d'hygiène et dans la surveillance générale de sa grossesse.

Les grossesses antérieures à problèmes

Il y a tout lieu de surveiller de près cette nouvelle grossesse. Tout accident survenu lors de grossesses précédentes, comme hémorragies, retard de croissance du fœtus *in utero*, enfant mal formé ou mort-né ainsi que tout problème survenu au moment de l'accouchement, doit être signalé. Ils peuvent être causés par une mauvaise insertion du placenta ou une dilatation du col difficile et insuffisante au moment de l'accouchement.

Tout doit être mis en œuvre pour que les troubles apparus lors d'une précédente grossesse ne se reproduisent pas.

Les grossesses multiples

La mère est particulièrement surveillée quand elle attend des jumeaux, ce qui est le cas de 1 femme sur 80, et *a fortiori* lorsqu'elle attend plus de deux enfants, ce qui reste exceptionnel. En début de grossesse, les risques d'avortement spontané sont assez grands. Plus tardivement, c'est l'accouchement prématuré qui est à craindre car il peut y avoir, dans le cas de vrais jumeaux, un excès de liquide amniotique, ou hydramnios, qui distend l'utérus et les membranes entraînant des contractions. L'hospitalisation est alors nécessaire.

Le risque d'un accouchement prématuré est de 1 sur 3 pour une première grossesse et de 1 sur 2 pour une seconde.

Pour la mère, la toxémie gravidique avec albuminurie, hypertension et œdème est plus fréquente également et nécessite une hospitalisation.

Les maladies de la future mère

Elles peuvent entraîner une souffrance fœtale, des malformations, un avortement ou un accouchement prématuré.

Les mères présentant une des maladies suivantes seront tout particulièrement surveillées pendant toute la durée de leur grossesse :

Selon les risques que votre grossesse peut présenter, votre médecin vous conseillera une maternité très bien équipée dans l'accueil des bébés.

Si vous avez une grossesse dite « à risque », la surveillance médicale sera plus importante.

À SAVOIR

Les « filles-DES »

On appelle ainsi les jeunes femmes dont les mères ont pris du Distilbène, ou DES, médicament prescrit en France de 1948 à 1975 pour éviter les fausses couches.

Sur 100 000 filles exposées *in utero* au DES, plus de la moitié présentent des anomalies au niveau du vagin ou de l'utérus. Souvent bénignes, elles sont cependant des facteurs de risques importants pour une grossesse extra-utérine ou une fausse couche spontanée au cours du 1er trimestre, ou encore un accouchement prématuré. Si votre mère a pris ce médicament pendant sa grossesse, parlez-en à votre médecin.

Le pourcentage d'enfants nés avec une anomalie ne dépasse pas 3 %, et dans ce chiffre entrent un grand nombre d'anomalies mineures guérissables.

- l'alcoolisme (voir page 24),
- l'anémie (voir page 117),
- le diabète (voir page 115),
- l'hépatite B (voir page 40),
- l'herpès (voir page 116),
- l'hypertension artérielle (voir page 116),
- l'incompatibilité rhésus (voir page 24),
- la listériose (voir page 131),
- la rubéole (voir page 24),
- le sida (voir page 41).

Les problèmes de constitution de la mère

Il peut y avoir des problèmes au cours de la grossesse mais surtout au moment de l'accouchement dans les cas :
- d'obésité ;
- d'anomalies du bassin. Il peut être trop petit, en particulier chez les femmes mesurant moins de 1,50 m, ou malformé de naissance ou encore déformé à la suite d'un accident ;
- d'utérus trop petit avec un ou plusieurs kystes, ou encore d'utérus rétroversé.

Dans tous les cas, les conditions de l'accouchement doivent être déterminées de façon précise.

Les conditions socioéconomiques de la mère

Elles sont la cause de 60 % des accouchements prématurés. Par suite de mauvaises conditions économiques, la future mère poursuit un travail pénible plus longtemps qu'il ne le faudrait. Les transports longs et fatigants, les travaux ménagers, la garde des enfants déjà présents et une alimentation mal équilibrée faute de moyens sont autant de facteurs favorisant le surmenage, l'anémie, la toxémie et, par conséquent, un accouchement prématuré.

La peur de l'enfant anormal

Le pourcentage d'enfants nés avec une anomalie ne dépasse pas 3 %, et dans ce chiffre entrent un grand nombre d'anomalies mineures guérissables.

Outre les accidents liés à l'âge de la mère, les malformations ont diverses origines ; avec plus de précautions, un certain nombre d'entre elles pourrait être évité.

Les maladies congénitales

On appelle maladie congénitale une maladie apparue durant la vie intra-utérine et révélée à la naissance. Ces anomalies peuvent être dues à une maladie de la mère telle que la rubéole (voir page 23), la toxoplasmose (voir page 40), le sida (voir page 41), la syphilis ; à une intoxication de la mère par des produits chimiques ou à une exposition aux rayons X.

Quand la maladie de la mère a lieu à un stade précoce de la grossesse, alors que membres et organes sont en formation, le risque encouru par le bébé à naître est grand.

Les malformations seront moins importantes si l'accident a lieu à un stade plus tardif de la grossesse.

Les anomalies congénitales peuvent également être liées au mode de vie de la mère, en particulier alcoolisme, tabagisme ou encore drogue.

Les maladies héréditaires

On appelle maladie héréditaire une maladie que l'enfant reçoit en héritage de ses parents. Cette maladie est codée par les gènes qui, en s'exprimant, déterminent la maladie.

Parmi les maladies héréditaires, un grand nombre ne s'accompagnent d'aucune malformation et sont compatibles avec une vie normale. Beaucoup d'entre elles peuvent actuellement être traitées.

Signalez à votre médecin l'existence d'une maladie héréditaire familiale

La maladie héréditaire peut ne pas être apparente à la naissance et se manifester plus tard. Exemple : la myopathie, grave maladie musculaire dont l'apparition est progressive et qui frappe surtout les garçons.

La maladie peut aussi ne pas s'exprimer du tout mais, dans ce cas, le sujet reste porteur du gène responsable de la maladie et le transmet à sa descendance. Il est possible d'évaluer le risque exact de transmission quand on connaît le gène incriminé et sa fréquence dans la population.

Les maladies héréditaires d'origine chromosomique peuvent porter sur le nombre des chromosomes ou sur leur structure. Exemple d'anomalie de nombre : la trisomie 21.

Elle peut être détectée par plusieurs examens :

L'HT 21

L'HT 21 est la contraction de deux mots : hormone et trisomie 21. On a en effet remarqué qu'un taux anormalement élevé dans le sang de l'hormone de grossesse HCG entre la 15e et la 16e semaine d'aménorrhée (soit les 13e et 14e semaines de grossesse) fait suspecter une anomalie chromosomique responsable de la trisomie 21. Le taux de l'HCG présente dans le sérum est évalué à partir d'une simple prise de sang. Les résultats sont

À SAVOIR
Trisomie 21
Suite à une erreur dans la répartition des chromosomes au cours de l'une des divisions de l'ovocyte, le zygote, première cellule du bébé, a 3 chromosomes 21 au lieu de 2. D'où le nom de trisomie 21. Toutes les cellules de l'individu, issues de cette première cellule, auront, elles aussi, un chromosome en trop.
Il en résulte un surnombre de gènes dont les ordres vont conduire à une surproduction de substances chimiques qui vont aboutir à la formation des traits caractéristiques du mongolisme.

Pour dépister la trisomie 21, le dosage du marqueur biologique HT21 dans le sang maternel complète le diagnostic de la mesure de la clarté nucale. Le résultat est donné sous forme de calcul de risque.

donnés dans un minimum de 10 jours. Ils n'ont pas valeur de diagnostic mais sont évalués en taux de risques. Cela veut dire que si les résultats sont positifs, il ne peut s'agir que d'une suspicion qui nécessitera un examen plus approfondi. Une amniocentèse sera alors pratiquée. À peine 4 % des résultats entraînent une recherche plus poussée. Pour des jumeaux, les résultats sont difficilement interprétables.

L'HT 21 a été définitivement adopté début 1999, comme moyen de dépistage de la trisomie 21. Il est couplé à la recherche, dans la même prise de sang, de l'alpha-fœtoprotéine.
Tout médecin doit obligatoirement proposer à la future maman, quel que soit son âge, ces examens de dépistage. Elle est libre de refuser mais doit, dans ce cas, signer une décharge.
Ces examens sériques permettent d'éliminer les amniocentèses inutiles et par conséquent d'en diminuer les risques.
Ne faites pas des jours d'attente des résultats des jours d'angoisse. Ces examens sont là, au contraire, pour vous apprendre que votre bébé est tout à fait normal.
Quand, dans une famille, il y a une présomption importante de trisomie 21, on pratique une biopsie du trophoblaste vers la 8e semaine de grossesse.

Le dosage d'alpha-fœtoprotéine
Il s'agit d'un examen sanguin pratiqué à partir de la même prise de sang faite pour la recherche de l'HT 21. Il est destiné à rechercher une éventuelle malformation du système nerveux central, en particulier le *spina-bifida*. Ce terme désigne un éventail de malformations plus ou moins graves. Au sens littéral, il signifie « épine dorsale bifide ».
Quand la formation tubulaire représentant le système nerveux central dans les premières semaines de grossesse ne se ferme pas complètement, il en résulte un défaut de fermeture de la colonne vertébrale avec malformation de la moelle épinière, qui entraîne paralysie et arriération mentale.

Le dosage d'alpha-fœtoprotéine consiste en la recherche dans le sang de la future mère d'une protéine émise par le fœtus. Si son taux est élevé, on peut craindre une anomalie du système nerveux. Au contraire, si son taux est trop bas, elle éveille le soupçon d'une maladie d'origine chromosomique et nécessite un complément d'information qui sera donné par une amniocentèse. Dans tous les cas, un taux bas ou élevé d'alpha-fœtoprotéine entraîne la poursuite d'autres recherches.
Le *spina-bifida* se détecte également à l'échographie.

Pour prévenir la formation de *spina-bifida*, le médecin prescrit systématiquement de l'acide folique lors des 2 ou 3 mois précédant la grossesse et lors des 2 premiers mois de celle-ci, lorsque dans une famille il y a déjà une telle malformation.
La même prévention est appliquée chez les femmes à partir de 35 ans et chez celles ayant fait une fausse couche spontanée.

L'amniocentèse

L'amniocentèse consiste en un prélèvement de liquide amniotique. Les cellules du bébé qu'il contient sont traitées selon certaines techniques de façon à pouvoir examiner leurs chromosomes. L'amniocentèse doit avoir lieu entre la 16e et la 18e semaine d'aménorrhée. Avant cette date, il n'y a pas assez de liquide amniotique et pas suffisamment de cellules fœtales dans le liquide. Après cette date, la grossesse est trop avancée et l'on hésite à pratiquer un avortement thérapeutique si l'amniocentèse révèle une anomalie du fœtus.
L'amniocentèse soulève, bien sûr, le problème de l'ITG (interruption thérapeutique de grossesse). L'ITG est tolérée par la loi mais n'est pas obligatoire. L'hypothèse en est toujours discutée avant la pratique de l'examen. La plupart des équipes médicales refusent d'ailleurs de faire l'amniocentèse quand la future mère est farouchement opposée à l'éventualité d'une interruption de grossesse.

L'amniocentèse n'est pas obligatoire mais est proposée systématiquement aux femmes ayant dépassé 38 ans. Dans ce cas, elle est remboursée par la Sécurité sociale. Avant 38 ans, l'examen n'est pas remboursé, sauf pour les cas précis de grossesses à risques. Si vous avez plus de 38 ans et désirez faire cet examen, ne vous laissez pas influencer si votre médecin le juge superflu. Vous êtes en droit de l'exiger.

L'amniocentèse est toujours pratiquée dans un centre spécialisé car, si la technique est relativement simple, ce n'est pas un examen de routine. Un risque de fausse couche existe, de l'ordre de 0,2 %.
La femme enceinte est allongée sur le dos, légèrement sur le côté. Après avoir repéré l'enfant par échographie, le praticien enfonce une aiguille à travers l'abdomen et la paroi utérine, jusque dans la cavité amniotique où il prélève 5 à 10 millilitres de liquide amniotique. Si la future mère est Rh-, on lui injecte après l'intervention des immunoglobulines anti-D (voir page 25). Impressionnante pour la mère, l'amniocentèse est parfaitement indolore.

À SAVOIR

Détecter une trisomie
Une suspicion de trisomie 21 peut être détectée par plusieurs techniques :

– dosage de l'HT 21,
– mesure de la clarté nucale, observée à la 12e semaine de grossesse au cours de la 1re échographie.
Ces examens donnent une première indication qui sera complétée par une amniocentèse qui permet d'établir le caryotype du bébé (voir page 88), qui révélera de façon irréfutable s'il y a trisomie ou non.

À SAVOIR

Diagnostic pré-implantatoire (DPI)
Cette technique consiste à sélectionner un embryon sain obtenu par fécondation *in vitro* et à le réimplanter dans l'utérus.
Elle ne s'adresse qu'aux couples portant une maladie génétique grave transmissible à la descendance.

L'amniocentèse est prescrite et prise en charge par l'assurance maladie à partir d'un seuil de risque de 1/250. Elle est aussi prise en charge quand la future mère a plus de 38 ans ou qu'elle présente une anomalie chromosomique.

À SAVOIR

Caryotype

Les cellules du bébé, en suspension dans le liquide amniotique, sont mises en culture sur un milieu nutritif. Par l'addition d'une substance au milieu de culture, on bloque les cellules à un stade donné de leur division, quand les chromosomes sont bien individualisés et donc bien visibles.

Les cellules étalées sur des lames de verre sont observées au microscope et photographiées.

Les 46 chromosomes d'une cellule (23 d'origine paternelle et 23 d'origine maternelle) sont découpés et assemblés par paires selon les normes internationales.

Leur assemblage s'appelle le caryotype. Toute anomalie est le signe concret d'une anomalie chromosomique, qui sera à l'origine d'une malformation ou d'une maladie. Par la présence des chromosomes sexuels, le caryotype permet de connaître le sexe de l'enfant. L'établissement du caryotype nécessite une quinzaine de jours. Il établit la carte d'identité des chromosomes des futurs parents à partir d'une prise de sang.

On connaît plus de 3 000 maladies métaboliques héréditaires d'origine génique, de la myopathie au simple daltonisme.

Les indications de l'amniocentèse

Elle est indiquée pour détecter une anomalie chromosomique chez l'enfant de la femme de plus de 38 ans. Indépendamment de l'âge de la mère, elle est pratiquée systématiquement :

• chez une femme ayant déjà eu un enfant atteint d'une maladie d'origine chromosomique ;

• chez une femme dont le dosage de l'HT 21 fait suspecter une trisomie 21 ;

• chez une femme ayant déjà fait plusieurs fausses couches spontanées, celles-ci étant souvent le résultat d'un œuf présentant une anomalie chromosomique ;

• chez une femme dont le dosage de l'alpha-fœtoprotéine fait suspecter une malformation de la moelle épinière *(spina-bifida)* ;

• pour diagnostiquer des maladies héréditaires liées au sexe, comme l'hémophilie ou la myopathie ;

• pour repérer certaines anomalies du système nerveux central. Cela ne se fait pas par l'étude des chromosomes mais par des examens biochimiques.

Dans tous ces cas, l'amniocentèse sera remboursée par la Sécurité sociale.

Les maladies héréditaires d'origine génique

L'anomalie ne concerne qu'un gène, c'est-à-dire une infime portion de chromosome. Le gène perturbé envoie des ordres qui font dévier de leur travail normal les cellules qui les reçoivent. Certaines vont fabriquer trop ou pas du tout d'enzymes, ces maillons indispensables pour un bon fonctionnement des chaînes métaboliques. Il s'ensuit alors une perturbation dans le métabolisme des protéines, des sucres ou des graisses avec l'apparition de maladies comme la phénylcétonurie ou la galactosémie, parmi les plus connues.

Ces affections, recherchées systématiquement dès la naissance, voient leurs effets compensés par un régime alimentaire approprié. Non traitées, elles sont la cause d'arriérations mentales. D'autres cellules vont élaborer des produits de mauvaise qualité et ne rempliront donc pas le rôle pour lequel elles sont conçues. C'est le cas des globules rouges dont l'hémoglobine déficiente assure mal le transport de l'oxygène dans la maladie appelée la drépanocytose.

La transmission de l'anomalie génique

Elle se fait comme la transmission de tous les caractères de l'individu, selon les lois de l'hérédité. Un gène dominant, même présent chez un seul des parents, s'exprime dans la descendance. Ce qui ne veut pas dire que tous les enfants seront

LA TRANSMISSION DE L'HÉMOPHILIE

Transmise par les femmes, elle se manifeste uniquement chez les garçons par une coagulation sanguine déficiente. Le gène est récessif.

Mère saine mais porteuse du gène de l'hémophilie. Le gène est récessif et ne s'exprime donc pas car masqué par l'autre X qui porte le gène normal dominant

père sain

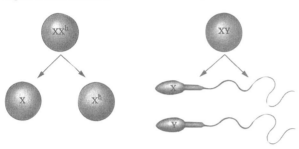

2 sortes d'ovocytes   2 sortes de spermatozoïdes

Au cours de la fécondation, il y a réunion, au hasard, de 2 cellules sexuelles.

Votre bébé

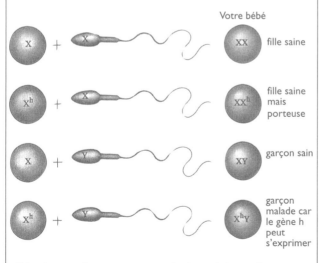

fille saine

fille saine mais porteuse

garçon sain

garçon malade car le gène h peut s'exprimer

Si la mère est saine, non porteuse et le père malade, tous les garçons seront sains et toutes les filles seront porteuses.

À SAVOIR

La drépanocytose

Il s'agit d'une maladie héréditaire du sang due à une forme anormale de l'hémoglobine. L'oxygène est moins bien transporté et il s'ensuit des troubles plus ou moins importants. Cette maladie touche surtout les populations noires d'Afrique, des Antilles et des États-Unis.
Elle se révèle généralement au cours du 3e trimestre de la grossesse et se manifeste chez la mère par de l'anémie, des douleurs articulaires et des infections urinaires fréquentes. L'enfant présente un risque d'hypotrophie et de naissance prématurée.
Le médecin soignera l'anémie de la mère et lui conseillera un repos absolu.

Dans la région parisienne, deux centres sont spécialisés dans la recherche de cette maladie : la maternité de Port-Royal et l'hôpital Henri-Mondor à Créteil.

On cherche aujourd'hui à combiner différentes données (âge de la mère, clarté nucale, marqueurs biologiques) en un score de risque unique en espérant réduire le nombre d'amniocentèses proposées.

À SAVOIR

Ponction du cordon

Cet examen est effectué vers 3 mois de grossesse. Il s'agit d'une prise de quelques gouttes de sang fœtal prélevé à l'aide d'une aiguille fine dans la veine du cordon ombilical. Le prélèvement est pratiqué sous anesthésie locale et sous contrôle échographique. On localise d'abord le placenta, puis le bébé et ensuite le cordon ombilical. Le sang est tout de suite analysé et les résultats sont obtenus rapidement. L'analyse précoce du bébé permet de savoir s'il est atteint par une maladie infectieuse attrapée par la mère au cours de sa grossesse, comme la rubéole ou la toxoplasmose.

À SAVOIR

Qui doit consulter ?

Cet examen s'adresse aux familles pour lesquelles il y a un risque de voir naître un enfant porteur d'une malformation d'origine chromosomique :

• aux couples qui ont déjà un enfant anormal et veulent connaître les risques encourus lors d'une future grossesse ;

• aux femmes qui ont déjà fait plusieurs fausses couches par suite d'une aberration chromosomique ;

• aux sujets porteurs d'une maladie ou d'une malformation et qui veulent connaître le risque de transmission de l'anomalie ;

• aux cousins germains qui veulent se marier.

atteints. Dans le calcul des risques intervient le fait que le conjoint est sain. Pour qu'un gène récessif s'exprime dans la descendance, il faut qu'il soit présent chez les deux parents. Le père et la mère qui possèdent le gène récessif en un seul exemplaire ne présentent pas la maladie mais sont porteurs.

La maladie apparaît chez l'enfant quand les 2 gènes parentaux se retrouvent dans la cellule-œuf, soit avec un risque de 1/4.

Il arrive assez fréquemment que l'hérédité soit liée au sexe, c'est-à-dire que le gène incriminé dans la maladie soit porté par un chromosome sexuel. Dans ce cas, il s'agit toujours du chromosome X. Si le gène anormal porté par le chromosome X est récessif, il ne se manifeste pas chez les filles, qui sont seulement porteuses. L'anomalie transmise par les femmes atteint 50 % des garçons. C'est le cas de maladies comme l'hémophilie ou la myopathie (voir schéma page 89).

La fœtoscopie

La fœtoscopie est effectuée entre 20 et 24 semaines d'aménorrhée. Elle est pratiquée uniquement chez une femme ayant déjà eu un enfant anormal ou faisant partie d'une famille présentant une maladie héréditaire grave. Par cette technique, le fœtus peut être observé directement dans l'utérus. Pour cela, on introduit à travers la paroi abdominale, jusque dans la cavité utérine, après une anesthésie locale, un tube long et fin muni d'un système optique. L'optique peut être déplacée pour observer le bébé dans ses moindres détails.

Les indications de la fœtoscopie :

• détecter une malformation, notamment de la face, des mains ou des pieds ;

• faire des prélèvements de différents tissus, comme la peau ou le foie, à des fins d'analyse ;

• prélever du sang fœtal pour dépister des maladies du sang comme la drépanocytose et l'hémophilie ou des maladies métaboliques qui peuvent être soignées très précocement.

Il est à noter que le sang est le plus souvent recueilli par ponction du cordon ombilical (voir encadré).

La fœtoscopie dure environ 24 minutes et nécessite plusieurs jours d'hospitalisation.

La consultation de génétique

Elle permet aux généticiens d'établir le caryotype afin de savoir si les parents sont porteurs d'une anomalie transmissible à leur descendance et suivant quelle fréquence.

Les généticiens peuvent seulement estimer le risque et orienter ou non la future maman vers une amniocentèse.

LE 4ᴇ MOIS DE VOTRE GROSSESSE

Âge de la grossesse	14ᵉ semaine	15ᵉ semaine	16ᵉ semaine	17ᵉ semaine
OBSERVATIONS	La cavité amniotique contient 250 cm³ de liquide.	Si c'est votre premier bébé, vous ne sentez pas encore ses mouvements.	Votre utérus a la taille d'une noix de coco.	La hauteur utérine (HU) est de 16 cm. Vous sentez peut-être votre bébé bouger.
SYMPTÔMES POSSIBLES	Vous êtes en forme !		Ralentissement des fonctions intestinales dû à la progestérone.	
PRÉCAUTIONS À PRENDRE	Faites une visite médicale supplémentaire si vous êtes dans le cas des grossesses à risque.	Si vous avez 40 ans ou si vous attendez des jumeaux, votre grossesse est plus spécialement surveillée.	Manger des produits riches en fibres.	
EXAMENS		Quel que soit votre âge : • recherche de l'HT 21 ; • dosage d'alpha-fœtoprotéine ; • amniocentèse suivant le résultat de l'HT 21 ou si vous avez plus de 38 ans.		S'il y a béance du col : cerclage.
DÉMARCHES		2ᵉ visite médicale obligatoire.		

Cinquième mois

Votre bébé est là et bien là ! Vous le sentez faire des galipettes car ses muscles ont pris de la force et ses mouvements sont plus vigoureux. Il ne se gêne pas pour vous lancer des coups de pied, même en pleine nuit ! Ce 5e mois est extraordinaire pour lui car il possède enfin toute la structure fondamentale de base de la pensée humaine. Dans son cerveau, les cellules nerveuses sont là, au nombre impressionnant d'une dizaine de milliards. Elles vont commencer à se relier les unes aux autres pour câbler cet ordinateur très élaboré qu'est le cerveau humain. Ce câblage, qui va se poursuivre pendant toute l'enfance et l'adolescence, dépendra essentiellement des informations qu'il recevra. Le rôle des parents en tant qu'éducateurs est alors primordial.

❯ Du début de la 20e semaine depuis le 1er jour des dernières règles à la fin de la 24e semaine.

❯ Du début de la 18e semaine de grossesse à la fin de la 22e semaine de grossesse.

L'évolution de votre bébé

Depuis quelques semaines déjà, votre bébé ouvrait la bouche, la refermait et simulait avec ses lèvres quelques mouvements de succion. Parallèlement, il était capable de tourner la tête et de lever les bras. Cette fois, ça y est ! Il réussit à attraper son pouce avec la bouche. Il va s'exercer à perfectionner le réflexe de succion et sera ainsi parfaitement au point à sa naissance, quand il devra téter.

5E MOIS

Le 5e mois correspond à une période qui va :
- du début de la 20e semaine depuis le 1er jour de vos dernières régles jusqu'à la fin de la 24e semaine.
- du début de la 18e semaine de grossesse, à la fin de la 22e semaine de grossesse.

À SAVOIR

Bébé s'agite

Très actif, votre bébé bouge maintenant ses bras et ses jambes et fait même de véritables ruades. Suspendu à son cordon, il pédale, se retourne et fait d'innombrables galipettes. Il aime changer de position et se déplace en poussant avec ses pieds sur la paroi de l'utérus ! Sur votre ventre apparaît soudain une bosse : est-ce un pied, un bras, sa tête ? Caressez doucement cette petite bosse.

Vous pouvez être réveillée en pleine nuit par votre bébé qui n'a pas sommeil et s'agite.

Sa peau, ses ongles et ses cheveux

En cette 18e semaine de grossesse, la peau de votre bébé commence à s'épaissir, elle est encore cependant très fine et laisse voir par transparence tous les petits vaisseaux sanguins qui la parcourent. Ce n'est qu'à la 22e semaine qu'elle sera suffisamment épaisse pour dissimuler le réseau veineux. Elle est rouge et, comme elle a grandi avant qu'apparaisse la graisse sous-cutanée, elle est toute fripée. Des glandes sébacées se mettent en place et commencent à sécréter une substance claire et graisseuse qui va la recouvrir peu à peu. C'est le vernix caseosa. Il a pour rôle de protéger la peau du bébé qui macère dans le liquide amniotique pendant plusieurs mois. Les ongles de votre bébé poussent ainsi que le fin duvet, au joli nom de lanugo, qui recouvre tout son corps. Ses cheveux commencent à recouvrir sa tête. Ils sont encore clairsemés et fins comme de la soie.

Ses yeux

À la 22e semaine de grossesse, les yeux de votre bébé sont toujours fermés, recouverts par les paupières qui possèdent à présent des cils. Au-dessus des yeux, les sourcils sont bien dessinés. Sous ses paupières baissées, les yeux de votre bébé poursuivent leur maturation. L'iris se pigmente et votre bébé a déjà des yeux en couleur.

Son sommeil

Votre bébé dort 16 à 20 heures sur 24. Il commence à avoir des phases de sommeil profond et de sommeil léger. Pendant les périodes de sommeil léger, une tape sur votre abdomen peut le faire sursauter. Les périodes de sommeil et de veille peuvent être appréciées par l'observation de son activité motrice et de son rythme cardiaque. Elles ne correspondent pas au rythme du sommeil de la mère. Caressez doucement votre ventre. Il se calmera et avec un peu de chance pourrez-vous vous rendormir !

LE 5ᴱ MOIS DE VOTRE BÉBÉ

Âge de votre bébé	18ᵉ semaine	19ᵉ semaine	20ᵉ semaine	21ᵉ semaine	22ᵉ semaine
SA TAILLE	13 cm de la tête au coccyx. 20 cm de la tête aux talons.	14 cm de la tête au coccyx. 21,5 cm de la tête aux talons.	15 cm de la tête au coccyx. 22,5 cm de la tête aux talons.	16 cm de la tête au coccyx. 24 cm de la tête aux talons.	17 cm de la tête au coccyx. 26 cm de la tête aux talons.
SON POIDS	240 g	335 g	385 g	440 g	500 g
SON DÉVELOPPEMENT	Les empreintes digitales sont visibles. Ongles en formation. Quelques cheveux apparaissent. La multiplication des cellules nerveuses est terminée. Il y en a 12 à 14 milliards. Les muscles prennent de la force.	Votre bébé dort 16 à 20 h sur 24 h. Il a des phases de sommeil profond et de sommeil léger. Entre 2 sommes, votre bébé est très actif.	Si votre bébé est une fille, le vagin se forme. Les ovaires contiennent 6 millions de cellules sexuelles primitives. Le pancréas commence à fabriquer de l'insuline.	Ongles, duvet et cheveux poussent. Votre bébé suce son pouce. Les mouvements respiratoires sont plus fréquents mais irréguliers.	La peau s'épaissit. Elle est fripée car votre bébé n'a pas encore de graisse. Des glandes sébacées sécrètent le vernix caseosa qui protège la peau du bébé. Les paupières, toujours fermées, ont des cils. Les sourcils sont bien dessinés. L'iris de l'œil se pigmente.
OBSERVATIONS GÉNÉRALES	Le cœur de votre bébé est assez gros pour être entendu avec un simple stéthoscope.	La cavité amniotique contient à présent 500 cm³ de liquide.	À partir de cette semaine et jusqu'à sa naissance, le cerveau de votre bébé va grossir régulièrement.	Le placenta est définitivement constitué.	Le sexe de votre bébé est visible à l'échographie dès la 20ᵉ semaine.

Votre évolution

Comme tous les autres organes, votre glande thyroïde est plus active. Cela a pour conséquence une élévation de la température interne du corps. Vous avez souvent trop chaud et, pour ramener votre corps à une température normale, votre transpiration augmente. Ce mécanisme permet de libérer, grâce à la transpiration, l'excès de déchets produits par votre organisme et celui de votre bébé.

CONSEIL

Si vous transpirez beaucoup
Mettez un peu de talc aux endroits les plus exposés. Il absorbera l'excès de sueur et vous évitera des échauffements et des irritations de la peau.

À SAVOIR

Profitez-en !
À cette période de votre grossesse, votre bébé est maintenant bien installé et vous ne craignez plus de fausse couche.
C'est donc le moment pour vous de faire des choses un peu fatigantes que vous ne pourrez plus faire quand votre grossesse aura encore évolué, en particulier à partir du 6e mois.
Si vous envisagez de déménager, de rénover votre appartement, c'est le moment.

L'élévation de votre température

Cette élévation de température est inconfortable pendant les mois d'été. Aussi, si vous devez partir en vacances, choisissez en toute connaissance de cause un endroit tempéré.
Si votre grossesse se déroule en hiver, ne vous couvrez pas de façon excessive. Portez plusieurs vêtements légers que vous pourrez retirer au fur et à mesure des besoins.

Vous vous essoufflez rapidement

Vos organes travaillant davantage, vous libérez plus de gaz carbonique. De surcroît, vous devez éliminer le gaz carbonique de votre bébé et lui apporter de l'oxygène. Pour cela, vous respirez plus rapidement. Cette hyperventilation vous rend plus fatigable à l'effort. La difficulté à respirer s'explique également par le fait que l'utérus, en augmentant de volume, repousse la masse abdominale vers le haut, qui appuie alors sur le diaphragme et diminue le volume de la cage thoracique.
Votre cerveau est plus sensible au niveau plus élevé de gaz carbonique qui circule dans votre sang. Cela peut vous provoquer quelques éblouissements.

Apprenez à contrôler votre respiration

N'attendez pas les cours d'accouchement sans douleur qui commencent beaucoup trop tard. (Voir page 132.)
Une respiration est une inspiration, une expiration et un temps de repos. À une respiration succède une autre respiration.
Le muscle principal de la respiration est le diaphragme sur lequel reposent le cœur et les poumons. C'est son mouvement qui permet de percevoir la respiration abdominale.
Vous ferez tous les exercices de respiration, couchée sur le dos, les jambes fléchies, pieds à plat sur le sol.

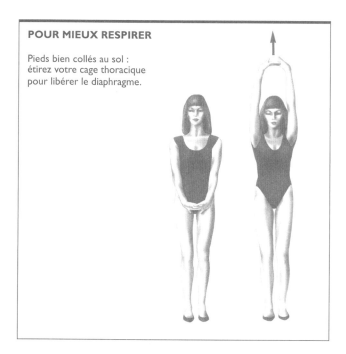

POUR MIEUX RESPIRER

Pieds bien collés au sol :
étirez votre cage thoracique
pour libérer le diaphragme.

Vous êtes essoufflée
Pour pallier la tendance
à l'essoufflement qui va
encore s'accentuer les mois
suivants :

● réduisez au maximum les
efforts physiques ;

● si vous avez la sensation
d'étouffer, libérez votre
diaphragme en faisant cet
exercice : couchée sur le
dos, jambes pliées, inspirez
en levant les bras au-dessus
de la tête pour bien étirer
votre cage thoracique. Puis
expirez en ramenant les bras
le long du corps. Faites ainsi
plusieurs respirations lentes
et régulières jusqu'à ce que
vous ayez retrouvé votre
souffle. Vous pouvez faire
cet exercice debout,
en maintenant bien les pieds
collés au sol pendant
l'inspiration.

Commencez sans tarder les
exercices respiratoires qui
vous seront utiles au cours
de votre grossesse
et surtout au moment de
l'accouchement.

Ne perdez pas de
temps. Commencez
dès maintenant les
exercices de
gymnastique
préparatoire à
l'accouchement.
Leur bon résultat
tient à la facilité avec
laquelle vous les ferez.

La respiration abdominale

La prise de conscience de la respiration abdominale est nécessaire pour l'exécution de la respiration complète.

• Mettez une main sur le ventre et l'autre sur la poitrine pour
  bien sentir les mouvements de l'air qui va circuler.
• Expirez à fond.
• Bouche fermée, inspirez en gonflant votre ventre. La main qui
  y est posée doit se soulever, tandis que celle qui est sur votre
  poitrine doit à peine bouger.
• Bouche ouverte, expirez lentement en abaissant progressivement la paroi abdominale.

CONSEILS

Entrainez-vous

Voici quelques exercices pour l'accouchement. Entre chacun, faites une respiration complète.

La respiration superficielle

Bouche fermée ou entrouverte, inspirez puis expirez doucement mais rapidement. Seule la partie supérieure du thorax doit bouger.

Le temps d'inspiration doit être égal au temps d'expiration.

Entraînez-vous de façon à maintenir cette respiration plusieurs dizaines de secondes. En fin de grossesse, vous devriez tenir près de 60 secondes.

Utile pendant les contractions de la dilatation (page 154).

La respiration bloquée

Bouche fermée, inspirez à fond.

Au sommet de l'inspiration, retenez votre souffle et comptez jusqu'à 10. Bouche ouverte, expirez violemment. Entraînez-vous pour retenir votre souffle 30 secondes. Utile pendant l'expulsion.

L'expiration forcée

Préconisée pour l'expulsion, c'est une expiration lente et continue qui permet un bon relâchement du périnée.

Pesez-vous tous les deux jours : si vous avez pris trop de poids, la balance se chargera de vous rappeler à l'ordre !

La respiration complète

• Expirez à fond.
• Bouche fermée, inspirez lentement en gonflant l'abdomen.
• Continuez d'inspirer en gonflant la poitrine.
• Marquez un temps de repos en fin d'inspiration.
• Bouche ouverte, expirez ensuite lentement. Videz d'abord la poitrine puis le ventre.

Faire l'exercice 3 fois de suite avec un temps de repos de quelques secondes entre chaque.

La respiration thoracique

C'est celle que vous allez surtout travailler, car ce sont les variantes de cette respiration que vous allez utiliser pendant l'accouchement.

• Posez une main sur le ventre, l'autre sur la poitrine.
• Expirez à fond.
• Bouche fermée, inspirez en gonflant la poitrine. La main posée sur le ventre doit à peine bouger tandis que celle placée sur la poitrine se soulève.
• Marquez un léger temps d'arrêt.
• Bouche ouverte, expirez lentement, en abaissant progressivement la cage thoracique.

Vous avez un regain d'appétit

C'est la réponse naturelle au changement survenu dans votre métabolisme. Vous brûlez quotidiennement 500 à 600 calories supplémentaires pour vos propres besoins. Mangez en fonction de votre faim, qui est bien sûr plus importante depuis que vous êtes enceinte, mais n'en profitez pas pour vous laisser aller à la gourmandise.

Il est inutile de contrôler votre poids plus d'une fois par semaine mais si vous ne pouvez résister au désir impérieux de nourriture, pesez-vous tous les deux jours : la balance se chargera de vous rappeler à l'ordre !

Le volume de votre masse sanguine a beaucoup augmenté

Votre bébé grandit, aussi faut-il le nourrir davantage. C'est pourquoi 25 % de votre masse sanguine sont directement utilisés par le système placentaire.

Cet accroissement de la masse sanguine peut vous occasionner quelques troubles dus à la difficulté de la circulation à remonter vers le cœur :

• petits saignements du nez et des gencives dus à la pression exercée par la masse sanguine sur les capillaires ;

• fourmillements dans les membres, jambes lourdes, varices, hémorroïdes. La dilatation de petits capillaires est visible sur la peau par l'apparition de tout un réseau de petites lignes rouges localisées au visage, aux épaules, aux bras, à la poitrine mais surtout aux jambes. Ce sont les fameuses varicosités qui atteignent les 2/3 des femmes blanches et le 1/3 des femmes noires. Elles disparaissent habituellement après la délivrance.

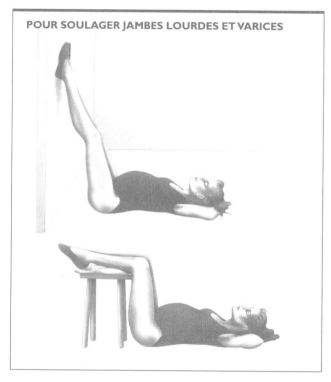

POUR SOULAGER JAMBES LOURDES ET VARICES

Les hémorroïdes

Ce sont des varices qui apparaissent autour de l'anus. Chez la femme enceinte, elles sont dues à une mauvaise circulation mais également à la compression du bassin par l'utérus.

Vous pourrez être soulagée par des pommades spécialisées et des toniques veineux à base de marron d'Inde, en solution buvable, prescrits par votre médecin.

Adaptez votre alimentation pour éviter la constipation. Si, malgré tout, vos selles sont dures, utilisez, avant de les évacuer, des suppositoires à la glycérine. Cela limitera vos efforts, qui sont la cause d'irritations.

Buvez beaucoup pour
aider vos reins
à éliminer les toxines
qui circulent dans
votre sang.
Boire suffisamment
vous évitera aussi
des infections urinaires
ou, pire, une toxémie
gravidique.

Les varices vulvaires

Moins fréquentes que les hémorroïdes, elles apparaissent sur une ou sur les deux grandes lèvres qui, gonflées, portent à leur surface des veines dilatées. Elles disparaîtront après l'accouchement.

L'augmentation de la masse sanguine

Elle surcharge et dilate les veines qui ont tendance à un relâchement de leur tonus ; cela entraîne une diminution de la pression artérielle pouvant provoquer des malaises tels qu'une sensation de faiblesse et des vertiges.

Étant allongée :
tournez-vous sur le côté,
puis aidez-vous des mains
pour vous asseoir.

Surveillez le fonctionnement de vos reins

Vos reins travaillent beaucoup plus pour éliminer les toxines qui circulent dans votre sang.

Vos propres déchets sont plus importants qu'avant votre grossesse car ils résultent d'une élévation de votre métabolisme, directement liée à la grossesse.

Quant aux déchets de votre bébé, ils augmentent au fur et à mesure qu'il grandit.

En raison de cette recrudescence de travail jointe à l'accroissement du volume sanguin à filtrer, vos reins ont augmenté de taille. De surcroît, le taux élevé de progestérone qui circule dans votre sang a tendance à freiner les fonctions rénales. Il est donc tout à fait recommandé de surveiller de près le fonctionnement de vos reins et de boire beaucoup pour les aider à éliminer au mieux ; cela évitera des infections urinaires ou, pire, une toxémie gravidique.

Vous êtes la mieux placée pour surveiller le bon déroulement de votre grossesse. Ne laissez passer aucun événement pouvant survenir tel que fatigue inhabituelle ou fièvre. C'est peut-être le signal d'alarme indiquant une maladie de la grossesse pouvant entraîner une souffrance fœtale importante, voire une fausse couche ; cela serait dramatique à ce stade de votre grossesse.

La toxémie gravidique

C'est une maladie directement liée à la grossesse qui se manifeste par des œdèmes, c'est-à-dire des gonflements, des extrémités notamment, une prise de poids excessive, une augmentation de la pression artérielle et de l'albumine dans les urines. Ces symptômes traduisent une anomalie du fonctionnement des reins.

La toxémie gravidique atteint plus particulièrement les jeunes femmes aux alentours d'une vingtaine d'années et celles qui attendent leur premier enfant. La date d'apparition des troubles est tardive. Vous devez être particulièrement vigilante au 3e trimestre et surtout en fin de grossesse.

Si la toxémie n'est pas traitée, elle peut être à l'origine de graves complications comme l'éclampsie, qui est un œdème du cerveau suivi de coma grave.

Aujourd'hui, l'éclampsie a pratiquement disparu du fait de la surveillance médicale continue de la grossesse.

Néanmoins, si vous éprouvez des maux de tête, des douleurs au niveau de l'estomac, des sensations de mouches volantes devant les yeux, consultez votre médecin en urgence.

Non traitée, la toxémie gravidique peut entraîner pour le bébé une hypotrophie, c'est-à-dire un mauvais développement plus ou moins important. Né à terme, il risque de peser moins de 2,5 kg, parfois à peine plus de 1 kg dans les cas graves. Il est à noter que ses besoins caloriques sont ceux de son âge et ne correspondent pas à son poids. Il faudra donc l'alimenter comme un enfant pesant 3 kg.

Vos obligations du 5e mois : votre 3e visite médicale obligatoire et la 2e échographie

C'est à la 22e semaine d'aménorrhée, soit la 20e semaine de grossesse, que se pratique la deuxième échographie. Celle-ci permet une étude précise de toutes les structures physiques externes de votre bébé afin de détecter une éventuelle anomalie de formation. De plus, on va juger de sa bonne croissance en mesurant le diamètre de sa tête, ou diamètre bipariétal (BIP),

Outre le 3e examen prénatal obligatoire (examen clinique et examens de labo), une 2e échographie, dite morphologique, est généralement passée entre la 18e et la 24e semaine de grossesse.

Au 5e mois, les yeux sont encore clos, les paupières soudées.
Votre bébé entend, il boit son liquide amniotique, son pouce cherche sa bouche.
Il mesure 25 cm et pèse environ 500 g.

ainsi que le diamètre abdominal au niveau de l'ombilic. Si votre bébé n'est pas bien orienté, en particulier si on ne peut voir son dos, dans le doute d'un *spina-bifida* l'échographie sera renouvelée.

Ce que montre l'échographie dès la 14e semaine de grossesse

• la main qui se rapproche de la bouche ;
• les mouvements de déglutition ;
• le réflexe plantaire qui indique que le sens du toucher existe : quand le bébé touche la paroi utérine avec son pied, il se recule ;
• les mouvements des muscles de la respiration : le diaphragme et la paroi thoracique se soulèvent ;
• le cerveau ;
• le placenta, bien visible entre 12 et 18 semaines.

Peut-on voyager pendant la grossesse ?

Où que vous alliez, si vous décidez de faire un voyage ou de partir en vacances, ne vous embarquez pas sans l'accord de votre médecin.
Toutes les précautions ayant été prises depuis le début de votre grossesse, vous entrez à présent dans une période où vous vous sentez bien. Vos nausées sont terminées et la fatigue des premiers mois est passée. Votre ventre n'est pas encore trop encombrant. Vous vous sentez active et avez envie d'entreprendre et de bouger. Par ailleurs, votre bébé est maintenant bien installé et vous ne craignez plus de fausse couche.
C'est la période idéale pour faire des voyages.

Les transports

Vous pouvez prendre le train ou l'avion sans problème ; sachez que certaines compagnies d'aviation refusent les femmes enceintes à partir du 8e mois.
Le mode de transport le moins bien adapté est finalement la voiture. Non seulement les soubresauts continuels peuvent déclencher des contractions mais, de plus, le risque d'accident est important. Or, tout choc peut avoir des conséquences graves. En voiture, ayez toujours la ceinture de sécurité. Placez-la de telle façon qu'elle passe au-dessus et au-dessous de votre ventre. Ne la mettez jamais sur votre ventre car, en cas de choc, elle comprimerait dangereusement votre utérus. Ne faites jamais un long trajet mais procédez par petites étapes pour vous reposer pendant les haltes. Ne mangez pas trop.

Vous pouvez conduire vous-même, rien ne s'y oppose excepté le risque de chocs. Une extrême prudence est donc de rigueur. Roulez doucement pour éviter les coups de frein intempestifs devant un obstacle inattendu. N'oubliez jamais que la moindre émotion ou la moindre secousse provoque dans votre sang une décharge d'adrénaline pouvant être à l'origine de contractions utérines. Sachez également que l'état de grossesse ralentit vos réflexes.

Quel que soit le mode de transport adopté, ne partez pas sans prendre avec vous des suppositoires antispasmodiques prescrits par votre médecin. Ils seront utiles dans le cas de douleurs ou de tiraillements dans le bas-ventre ou pire, de contractions.

Bien choisir l'endroit de ses vacances
Faites des choses raisonnables. Avant de partir, vous devez vous assurer d'un minimum de précautions.
• Vous devez pouvoir vous reposer. Aussi, évitez les circuits touristiques où vous êtes en déplacement continuel.
• Votre régime alimentaire doit être correct. N'oubliez pas l'importance de votre alimentation pour une bonne croissance de votre bébé.
• Renseignez-vous sur la présence d'un médecin non loin du lieu de votre séjour. Si votre départ a lieu autour du 6e mois et à plus forte raison après, assurez-vous de la proximité d'un hôpital bien équipé. Un accouchement prématuré est toujours possible.
• Emportez avec vous le double de votre dossier, que vous constituerez avec le double des ordonnances et examens.
• Ne vous inscrivez pas dans un endroit nécessitant des vaccins irréalisables en ce moment. Pour cette raison, évitez les pays tropicaux.

Les vaccins autorisés
Ce sont ceux faits avec des microbes inactivés ou tués. Il s'agit des vaccins contre la poliomyélite mais uniquement sous forme injectable, contre le choléra, le tétanos et la grippe.
Les vaccinations antigrippale et antipoliomyélitique sont d'autant plus importantes que les anticorps qu'elles font apparaître passent à travers le placenta et protègent le bébé durant sa première année.

Les vaccins interdits
Ce sont ceux élaborés à partir de virus vivants atténués. Il s'agit de vaccins contre la poliomyélite sous forme buvable, contre la variole, la rubéole, la rage, la typhoïde, la fièvre jaune.

Pensez à vous reposer régulièrement.
Vous pouvez continuer à faire du sport, à condition de rester en dessous des performances habituelles.
La marche est particulièrement recommandée.

À SAVOIR

Paludisme

La prévention du paludisme n'est pas uniquement médicamenteuse.
Elle commence par des gestes simples :
- couvrez bras et jambes pour éviter au maximum de se faire piquer par des moustiques, vecteurs de la maladie ;
- pulvérisez sur vos vêtements des produits qui font fuir les insectes.

Choisissez bien votre lieu de vacances en fonction de la chaleur, des vaccins et des transports.

Le paludisme

Le paludisme est dangereux pour les femmes enceintes car la forte fièvre qu'il provoque risque de déclencher une fausse couche. Si vous devez partir dans un pays tropical, vous devez le signaler à votre médecin qui vous prescrira un traitement à titre préventif.

Suivez bien ses instructions quant aux doses et à la durée des prises.

Ne prenez rien sans son avis, certains antipaludéens étant interdits à la femme enceinte.

LE 5ᴱ MOIS DE VOTRE GROSSESSE

Âge de la grossesse	18ᵉ semaine	19ᵉ semaine	20ᵉ semaine	21ᵉ semaine	22ᵉ semaine
OBSERVATIONS GÉNÉRALES	Votre glande thyroïde est plus active, ce qui provoque une élévation de la température du corps.		Vous brûlez 500 à 600 calories supplémentaires par jour.	Accroissement important de votre masse sanguine. Votre utérus a la taille d'un melon. HU = 20 cm.	Vos reins ont augmenté de taille car ils ont un travail accru.
SYMPTÔMES POSSIBLES	Chaleur excessive. Transpiration. Irritations de la peau.	Vous vous essoufflez rapidement. Vous êtes fatigable à l'effort. Quelques éblouissements possibles.		Dus à une mauvaise circulation sanguine : • petits saignements du nez et des gencives, • fourmillements dans les membres, • jambes lourdes, • varices, • hémorroïdes.	Dus à une diminution de la pression artérielle : • malaises, • sensations de faiblesse, • vertiges.
PRÉCAUTIONS À PRENDRE	Bien choisir son lieu de vacances en fonction : • de la chaleur, • des vaccins, • des transports.	Commencer les exercices respiratoires.	Méfiez-vous de votre appétit. Commencez à préparer : • votre périnée, • votre musculature abdominale.	Prévention varices.	Contrôlez régulièrement vos urines. Voyez votre médecin si vos doigts ou vos pieds sont gonflés.
EXAMENS	Fœtoscopie s'il y a maladie grave héréditaire dans la famille.				2ᵉ échographie.

Sixième mois

Vous promenez avec fierté votre ventre rond mais vous devez bien vous l'avouer, son poids commence à se faire sentir. Pour compenser ce déséquilibre vers l'avant, vous avez tendance à creuser les reins et à courber les épaules. Votre silhouette en pâtit ! Votre démarche aussi, car vous avez l'air d'un petit canard.

Vite, remédiez à tout cela ! Pensez à votre bien-être, en supprimant le mal au dos par des exercices appropriés, et pensez à votre beauté.

Au cours de ce 6e mois, votre bébé va entrouvrir les yeux. Il ne peut distinguer le monde qui l'entoure dans la pénombre de sa bulle. Mais il l'entend. Un monde aquatique traversé par des bruits bizarres avec, au milieu d'eux, si loin qu'il est obligé de se concentrer pour bien l'écouter, un son doux, comme une musique: votre voix.

> Du début de la 25e semaine depuis le 1er jour des dernières règles à la fin de la 28e semaine.

> Du début de la 23e semaine de grossesse à la fin de la 26e semaine de grossesse.

L'évolution de votre bébé

Les cellules adipeuses sont entrées en action : un peu de graisse commence à se former sous la peau de votre bébé. Il est encore loin du joli poupon joufflu que vous espérez ; il est pour le moment très maigre avec une peau trop grande pour lui, flasque et ridée.

6ᴱ MOIS

Le 6ᵉ mois correspond à une période qui va :
- du début de la 25ᵉ semaine depuis le 1ᵉʳ jour de vos dernières régles jusqu'à la fin de la 28ᵉ semaine.
- du début de la 23ᵉ semaine de grossesse, à la fin de la 26ᵉ semaine de grossesse.

À SAVOIR

Fille ou garçon ?
Le sexe de votre bébé est visible à l'échographie à partir de la 22ᵉ semaine d'aménorrhée avec une marge d'erreur de 20 %. Si vous préférez avoir la surprise le jour de la naissance, faites-le savoir clairement au médecin qui dirige l'échographie. Mais si, depuis le début de votre grossesse, vous suivez son développement, vous serez sans doute impatiente de savoir si c'est une fille ou un garçon afin de parfaire la connaissance que vous avez déjà de lui.

Son sexe

La différenciation des organes sexuels est maintenant complète. Si votre bébé est une fille, son vagin qui était une structure solide est devenu un tube virtuellement creux.
Si votre bébé est un garçon, les testicules ne sont toujours pas descendus dans le scrotum. Les cellules testiculaires responsables de la production de l'hormone testostérone augmentent en nombre.

Son cerveau

La migration des cellules nerveuses, ou neurones, s'achève maintenant vers la 23ᵉ semaine de grossesse. Leur nombre total est acquis et définitif. Elles vont à présent se différencier et perdre ainsi tout pouvoir de se diviser.
Chaque cellule nerveuse arrivée à destination dans les différentes parties du cerveau va émettre tout autour d'elle des ramifications, appelées dendrites, et pousser un prolongement plus ou moins long, appelé axone. Les axones vont former les nerfs tandis que les dendrites vont rejoindre celles d'une autre cellule nerveuse. Et cela pour la dizaine de milliards de neurones que compte le cerveau. Ainsi s'établissent des circuits neuronaux indispensables à la conduction de l'influx nerveux et donc des messages.
À la 25ᵉ semaine de grossesse, les ramifications dendritiques et leurs connexions forment un câblage touffu. C'est de leur nombre et de leur qualité que dépend le bon fonctionnement cérébral. Les axones, dont le rôle est de conduire l'influx nerveux, pénètrent au niveau de la moelle pour se rassembler en fibres plus grosses et former des nerfs. Ils vont conduire les influx moteurs de la moelle vers les muscles, permettant ainsi le mouvement.

Il bouge de plus en plus

Votre bébé bouge beaucoup. Il fait en moyenne entre 20 à 60 mouvements par demi-heure mais peut en faire beaucoup plus quand il est bien réveillé. Tout dépend si c'est un bébé calme ou agité, ce qui n'a pas de signification pour son caractère à venir.

Il est normal de ne pas le sentir bouger en permanence car il dort. Beaucoup. Quelquefois, il ne bouge qu'un bras qu'il monte vers sa tête pour mettre le pouce dans sa bouche ! Par moments, il pédale avec enthousiasme, se retourne et se déplace d'un point à l'autre de son habitacle. Il effleure la paroi utérine ou s'y cogne. Il la touche, la pousse avec ses pieds, ses mains, sa tête ou son dos. C'est ainsi qu'il découvre le sens du toucher. À chaque fois qu'une partie de son corps touche la paroi utérine, il se déplace. Si vous caressez doucement votre ventre, là où il y a une bosse, il bouge pour vous montrer qu'il vous a perçue.

Il entend

Votre bébé réagit aux sons. En fait, il vit dans un monde très bruyant, formé par les battements de votre cœur, votre respiration avec le flux de l'air qui entre et qui sort, les gargouillis produits par votre système digestif. Autant de bruits qui sont bien sûr assourdis par le milieu dans lequel il vit mais qu'il perçoit quand même. Il entend de la même façon les bruits extérieurs et, en s'agitant, manifeste son désagrément à certains sons.

Il est capable de reconnaître, une fois né, une musique entendue très souvent alors qu'il était dans votre ventre. D'où l'importance de vivre dans une ambiance calme, aux bruits non agressifs.

Le liquide amniotique

Votre bébé avale de plus en plus de liquide amniotique. Alors qu'une petite partie est rejetée par la peau, une grande quantité traverse les voies digestives et est excrétée sous forme d'urine après être passée par le filtre des reins. Par les mouvements de la respiration, votre bébé inspire du liquide amniotique dans ses poumons, puis l'expire. Il permet le développement des bronchioles en empêchant leurs parois de se coller.

Le liquide amniotique est constitué d'eau à 97 % contenant des sels minéraux et différentes substances trouvées dans le sang. On y décèle également des cellules détachées de la peau et des muqueuses du bébé, des poils et des cheveux ainsi que de la matière grasse éliminée du vernix en continuel renouvellement.

Le liquide amniotique est entièrement renouvelé toutes les 3 heures : il est absorbé par l'intestin du bébé, passe dans sa circulation sanguine et, par l'intermédiaire du placenta, revient à l'organisme maternel. Les particules solides accumulées dans l'intestin du bébé forment le méconium (voir aussi page 78).

(voir aussi page 78)

CONSEILS
Parlez à votre bébé
Chaque jour, racontez-lui de jolies histoires en le caressant. Il saura que cette voix qu'il entend est la vôtre et qu'elle s'adresse à lui. À peine né, il reconnaîtra tout de suite votre voix et exprimera son intérêt et sa satisfaction.

À SAVOIR
Un sang plus rouge que le vôtre
Ses globules rouges possèdent une hémoglobine plus riche en fer que ceux d'un adulte. Ils ont ainsi une affinité plus forte pour l'oxygène. Le transfert d'oxygène du sang maternel au sang fœtal est de ce fait grandement facilité.

À SAVOIR
Les dents
Les bourgeons dentaires sécrètent l'ivoire des futures dents de lait. À la fin de ce 6ᵉ mois, l'ivoire commencera à se recouvrir d'émail.

Votre bébé lance des bourrades, il fait en moyenne entre 20 à 60 mouvements par demi-heure. Ses paupières s'ouvrent, et il réagit aux sons.

LE 6ᴱ MOIS DE VOTRE BÉBÉ

Âge de votre bébé	23ᵉ semaine	24ᵉ semaine	25ᵉ semaine	26ᵉ semaine
SA TAILLE	18 cm de la tête au coccyx. 28 cm de la tête aux talons.	19 cm de la tête au coccyx. 30 cm de la tête aux talons.	20 cm de la tête au coccyx. 32 cm de la tête aux talons.	21 cm de la tête au coccyx. 33 cm de la tête aux talons.
SON POIDS	560 g	650 g	750 g	870 g
SON DÉVELOPPEMENT	Les bourgeons dentaires sécrètent l'ivoire des futures dents de lait. Le lanugo recouvre tout le corps. Le vernix caseosa qui recouvre la peau s'épaissit. La différenciation sexuelle est complète. Câblage du cerveau par l'établissement de circuits neuronaux.	Formation de graisse sous la peau. Les ongles sont présents aux mains et aux pieds. Votre bébé réagit au toucher et aux sons.	La câblage du cerveau se poursuit. Formation des nerfs. Épaississement du vernix.	La peau de votre bébé est rouge par la présence de petits vaisseaux sanguins qui la parcourent. La graisse commence à s'accumuler sous la peau. L'ivoire des futures dents de lait se recouvre d'émail. Votre bébé urine.
OBSERVATIONS GÉNÉRALES	Votre bébé fait en moyenne 20 à 60 mouvements par demi-heure.		Le liquide amniotique est renouvelé toutes les 3 heures.	

Votre évolution

Vous êtes fière de votre ventre rond bien que son poids commence à se faire sentir. Il s'ensuit un déséquilibre vers l'avant, que vous compensez en creusant les reins. Comment prévenir ou atténuer ce « mal aux reins » qui vous guette ?

Vous avez « mal aux reins »

Il s'agit plutôt de douleurs de la colonne vertébrale. Le poids de votre ventre déplaçant votre centre de gravité, vous devez vous cambrer exagérément pour garder l'équilibre. C'est cette tension permanente exercée dans la région lombaire qui vous cause ce « mal aux reins ».

Prévention mal aux reins

• **Portez des chaussures confortables.** Ce n'est pas le moment de porter des talons hauts qui accentuent encore la cambrure et requièrent un certain équilibre. Or, l'équilibre devient de plus en plus précaire au fur et à mesure que la grossesse avance. Vous choisirez des chaussures souples, avec un talon un peu large et d'une hauteur raisonnable. Faites attention à la cambrure de la chaussure qui doit soutenir toute la voûte plantaire.
• **Si votre ventre est vraiment très lourd** et si cela peut vous soulager, portez une ceinture de grossesse.
En général, la ceinture de grossesse n'est pas utile. Il vaut mieux faire travailler ses muscles abdominaux qui constituent une ceinture naturelle. Mais si vous avez déjà eu plusieurs enfants et que votre paroi abdominale est distendue ou encore si vous attendez des jumeaux, peut-être éprouverez-vous le besoin de vous sentir soutenue. La ceinture de grossesse peut également fournir un bon support pour le dos.

La bascule du bassin

Par une série d'exercices faciles, vous arriverez à soulager vos reins qui se cambrent de plus en plus au fur et à mesure que votre utérus s'alourdit. En répétant le mouvement inverse, c'est-à-dire en basculant le bassin vers l'avant, vous assouplirez votre colonne vertébrale au niveau du bassin.
Pour sentir et trouver votre bonne statique, faites-vous aider par un kinésithérapeute. En quelques séances, il vous fera prendre conscience de l'attitude la mieux adaptée à votre forme et à votre poids, et vous apprendra à faire correctement la bascule

CONSEILS

Ceinture de grossesse
Si vous devez acheter une ceinture de grossesse, faites-le dans une maison spécialisée et surtout essayez-la. Elle doit vous soutenir sans vous comprimer.
Elle est bien adaptée à votre silhouette si, en la portant, vous sentez un réel soulagement.
Vous mettrez votre ceinture couchée sur le dos : elle se placera mieux et sera donc plus efficace.
La ceinture de grossesse est remboursée à 100 % par la Sécurité sociale après entente préalable.

Basculez le plus souvent possible votre bassin vers l'avant afin de soulager vos reins qui se cambrent de plus en plus au fur et à mesure que votre bébé prend du poids.

À SAVOIR

Centre de gravité

Les modifications du corps dues à la grossesse changent la position du centre de gravité. S'il se déplace trop, l'équilibre devient instable. Pour le rétablir, des tensions se créent, entraînant des douleurs. La posture est moins bonne et des déformations peuvent survenir : dos voûté, reins trop cambrés, démarche en canard. Une femme enceinte doit savoir s'adapter à sa nouvelle forme et à son nouveau poids. Si sa statique se modifie progressivement, en même temps qu'évolue la grossesse, elle gardera un bon équilibre et pourra se déplacer normalement. Les femmes qui gardent une bonne attitude pendant leur grossesse souffrent beaucoup moins du dos que les autres. Les exercices qui permettent de corriger une mauvaise posture ont donc leur importance. Ils aident à éliminer les tensions musculaires dues aux mauvaises positions, tonifient les muscles sollicités et évitent la souffrance des articulations.

LA BASCULE DU BASSIN

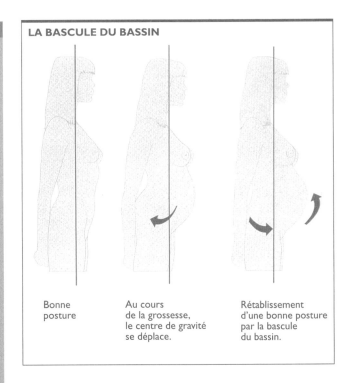

Bonne posture

Au cours de la grossesse, le centre de gravité se déplace.

Rétablissement d'une bonne posture par la bascule du bassin.

POSITIONS DE CONFORT

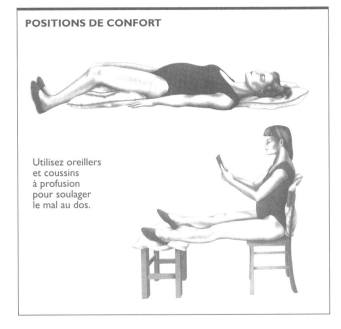

Utilisez oreillers et coussins à profusion pour soulager le mal au dos.

du bassin. Vous aurez ainsi toutes les chances de garder votre démarche et d'éviter également la fameuse sciatique des femmes enceintes.

Des exercices pour acquérir une bonne posture

1er exercice

- Debout, jambes légèrement écartées, inspirez tout en creusant les reins, ventre en avant.
- En expirant, contractez les muscles abdominaux, serrez les fesses en les poussant vers l'avant et vers le bas. Vous devez sentir votre bassin basculer vers l'avant.
- Répétez 5 fois. Vous pouvez vous appuyer contre un mur.

2e exercice

- Couchée sur le dos, les mains derrière la tête, inspirez.
- En expirant à fond, levez la tête avec l'aide de vos mains en même temps que vous monterez le bassin vers le haut, comme si vous vouliez faire se toucher tête et coccyx.
- Répétez 5 fois.

3e exercice

- Couchée sur le dos, placez une main sous les reins et l'autre sur une hanche.
- Poussez votre dos contre le sol à l'aide des muscles abdominaux situés au niveau de l'estomac. Vous devez sentir votre hanche se déplacer et tout votre bassin se lever doucement.
- Répétez 5 fois.

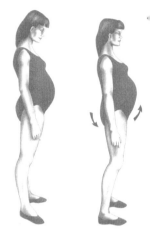

1ER EXERCICE

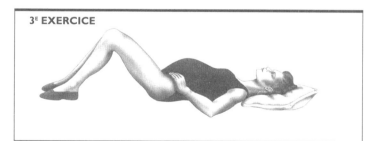

3E EXERCICE

4e exercice

- Debout, pieds parallèles écartés, levez doucement les bras en inspirant et en montant doucement sur la pointe des pieds. La bascule du bassin est essentielle pour tenir l'équilibre.
- Expirez en abaissant les bras et en reposant la plante des pieds, lentement.

4E EXERCICE

À SAVOIR
Acidités
La croissance de votre bébé, et par conséquent de l'utérus, déplace les organes internes. En particulier, le diaphragme remonte, les côtes les plus basses s'écartent tandis que l'estomac est légèrement refoulé sur le côté. Ces perturbations mécaniques s'ajoutent au fait que le taux élevé de progestérone ralentit la digestion. L'estomac se vide moins vite, la fermeture entre estomac et œsophage se fait également moins bien, ce qui provoque des remontées d'acidité de l'estomac vers l'œsophage.

CONSEIL
Ne salez pas trop !
Évvitez les aliments trop salés. Trop de sel entraîne une rétention d'eau dans les tissus, à l'origine d'œdèmes.

Votre 4e examen prénatal comprend un examen clinique, et des examens de labo complets : recherche d'albuminurie et de glycosurie, numération globulaire, dépistage du virus de l'hépatite B, etc.

Votre obligation du 6e mois : la 4e visite médicale obligatoire

Cette 4e visite obligatoire permet de contrôler que la croissance du bébé et la santé de la future mère sont également bonnes. Elle se déroule comme les précédentes.

On vous demandera, en particulier, la date d'apparition des premiers mouvements actifs de votre bébé ainsi que leur intensité. C'est le moment pour vous de parler des petits malaises que vous pouvez ressentir : insomnie, constipation, hémorroïdes, régurgitations acides…

Un examen général
Avec pesée (voir page 52), prise de la tension artérielle et mesure de la hauteur utérine. La mesure de la hauteur utérine ne donne pas la taille du bébé mais indique le volume qu'il prend dans l'utérus. Il renseigne sur son développement à une période précise de la grossesse.

Un examen gynécologique et obstétrical
Le médecin appréciera la longueur de votre col utérin et sa fermeture par toucher vaginal.

Il écoutera les bruits du cœur de votre bébé avec un stéthoscope classique posé sur votre abdomen, à l'endroit où s'est placé le bébé au moment de l'examen.

Les initiales BDC+ ou BDC++ que vous entendrez dire par le médecin ou la sage-femme signifient «bruits du cœur», le nombre de croix indiquant leur intensité.

Ils doivent être réguliers et aux alentours de 120 battements par minute.

Des examens de laboratoire
On va rechercher des traces de sucre et d'albumine dans les urines.

On recherche également dans le sang des anticorps de la toxoplasmose dans le cas où vous n'êtes pas immunisée contre cette maladie et que vous n'en possédiez donc pas à l'examen précédent ; cela a pour but de contrôler que vous n'avez pas été contaminée depuis (voir page 40).

À partir de ce 6e mois, le contrôle sera fait chaque mois.

On recherche aussi si il y a des agglutinines anti-D lorsque la mère est Rh- (voir page 24).

Les insomnies
Elles se manifestent surtout dans la 2e moitié de la nuit. Elles sont dues en grande partie à votre bébé qui, n'ayant pas som-

meil, fait des galipettes et ainsi vous réveille. Des crampes, de petites douleurs diverses dues à l'inconfort de vos positions et peut-être une anxiété à la pensée de l'accouchement à venir s'y ajoutent et concourent à vous faire passer une mauvaise nuit.

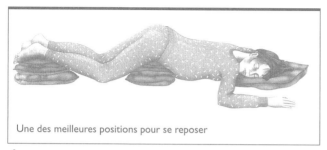
Une des meilleures positions pour se reposer

Étiez-vous malade avant d'être enceinte ?

Si tel est le cas, vous faites partie des grossesses à risque (voir pages 81-84) et êtes particulièrement surveillée pendant tout le temps de votre grossesse. Vous n'avez donc pas de souci à vous faire.

Le diabète

Maladie due à un mauvais fonctionnement du pancréas, le diabète à un stade précoce se traduit par un taux anormal de sucre dans le sang et par la présence de sucre dans les urines. C'est le cas de 2 % de la population en général.

La grossesse a tendance à accentuer le diabète et des femmes non diabétiques jusque-là peuvent voir apparaître du glucose dans leurs urines vers le 5e ou 6e mois de leur grossesse. C'est le cas de 2 à 3 % des femmes enceintes. Ce diabète, sans gravité, est réversible dans les jours qui suivent l'accouchement.

Dans le cas de diabète vrai, lorsque la grossesse n'est pas surveillée, il y a 80 % d'accidents contre seulement 10 % quand elle l'est. Sans précautions particulières, le diabète vrai de la mère peut être responsable d'avortement précoce, de toxémie, d'hydramnios, c'est-à-dire d'une quantité trop importante de liquide amniotique, et surtout de souffrance fœtale débouchant très souvent sur la mort in utero au terme de la grossesse.

Si vous êtes diabétique, vous l'aurez dit au médecin lors de la 1re visite. Il se peut qu'il vous fasse hospitaliser à un moment donné de votre grossesse afin de réajuster médicaments et régime alimentaire dont l'équilibre s'est trouvé rompu par votre état de grossesse. On en profitera pour mesurer la vitesse du

La grossesse peut entraîner un diabète vers le 5e ou 6e mois de grossesse. C'est le cas de 2 à 3 % des femmes enceintes.

CONSEILS

Du sucre dans les urines

Vous n'avez jamais été diabétique mais découvrez au cours de votre grossesse du sucre dans vos urines.

• Ne vous inquiétez pas ; signalez-le rapidement à votre médecin. Il fera rechercher par le laboratoire de quel sucre il s'agit ainsi que sa quantité.

• S'il s'agit de lactose, sa présence est normale au cours des derniers mois.

• S'il s'agit de glucose, c'est le signe d'une petite perturbation au niveau de la filtration du rein. Lié à la grossesse et en particulier au taux élevé de progestérone qui diminue les fonctions rénales, il n'a rien d'alarmant. Tout rentrera dans l'ordre après l'accouchement.

À SAVOIR

Hypertension

L'hypertension artérielle apparaît brutalement dans la 2e moitié de la grossesse chez 6 % des femmes enceintes. Il est recommandé de limiter le sel, le sucre et les graisses et de respecter le repos complet.

À chaque visite médicale,
on mesure votre tension artérielle.

flux sanguin dans les vaisseaux du bébé, par le doppler (voir page 44) [entre la 24e et la 28e semaine d'aménorrhée] et s'assurer ainsi qu'il ne souffre pas d'hypotrophie.

La future mère diabétique est généralement hospitalisée à nouveau pendant les 5 dernières semaines de la grossesse pour une meilleure surveillance de l'enfant. On lui fera une césarienne le moment venu pour éviter à son bébé, qui pèse le plus souvent 4 kg et qui est fragile, les risques d'une naissance difficile.

Si tout va bien, on peut le faire naître par les voies naturelles aux alentours de la 38e semaine, après avoir vérifié son poids par échographie. Il sera particulièrement surveillé dès sa naissance. On vérifiera notamment son taux de glycémie.

L'insuffisance rénale et l'hypertension artérielle

Vous faites également partie des grossesses à risque et devez être très surveillée en milieu spécialisé.

Avortement, souffrance fœtale *in utero* et accouchement prématuré sont des accidents encore fréquents, mais la santé de la mère est maintenant rarement mise en péril.

Les maladies cardiaques

Le cœur fournit un travail supplémentaire du fait de la grossesse. Aussi, si vous avez une maladie cardiaque, devez-vous être fréquemment surveillée et surtout être au repos complet, sans stress ; votre médecin vous donnera un traitement.

En cas d'urgence, une intervention chirurgicale est tout à fait possible.

L'herpès

L'herpès se manifeste de façon épisodique par une zone rouge de laquelle émergent des petites vésicules pleines d'eau. Quand les vésicules sont mûres, elles éclatent, donnant un aspect tuméfié à l'ensemble, puis sèchent au bout de quelques jours.

L'herpès se localise sur les muqueuses.

Sur le visage, il tuméfie les lèvres.

Quand il est génital, il se manifeste le plus généralement sur la vulve, dans le vagin, parfois sur le col. Il devient alors une maladie sexuellement transmissible mais sans grande gravité si on s'abstient de tout rapport sexuel pendant la période de crise contaminante qui dure environ une semaine.

L'herpès est provoqué par un virus qui reste à l'état latent dans les cellules jusqu'à ce qu'une stimulation déclenche sa multiplication qui se manifeste par l'éruption.

La crise d'herpès survient en général au moment des règles (ce qui ne peut être votre cas pour le moment !), en cas de fatigue particulière, de fièvre, aux sports d'hiver ou au bord de la mer car elle est provoquée par une augmentation des rayons ultra-violets.

L'herpès génital peut être dangereux pour l'enfant à naître car si l'accouchement a lieu en période de crise, il risque d'être contaminé au passage des voies génitales. Cette contamination peut entraîner une encéphalite extrêmement grave.

Aussi, dans le cas d'une poussée d'herpès moins de deux mois avant l'accouchement, une césarienne est-elle obligatoirement pratiquée.

Si l'herpès est uniquement buccal, l'accouchement se fera par les voies naturelles, mais la mère devra prendre des précautions d'hygiène pour ne pas contaminer son bébé qui est bien fragile face aux infections virales.

Le sida

En plus des risques encourus par l'enfant (voir page 41), si vous êtes séropositive sans présenter les signes de la maladie, la grossesse, en modifiant l'immunité, peut déclencher l'apparition de la maladie.

Elle peut également provoquer une poussée évolutive grave de la maladie dans le cas où vous en présentiez déjà les symptômes.

Attention à l'anémie

Votre bébé possède toutes ses structures et organes, qui s'accroissent quotidiennement à un rythme rapide. Cette multiplication cellulaire requiert non seulement tous les nutriments de base nécessaires mais aussi de l'oxygène.

L'oxygène est transporté par le fer qui entre dans la constitution de l'hémoglobine, pigment qui donne leur couleur rouge aux globules sanguins.

Votre bébé fabrique intensément des globules rouges ; il consomme donc beaucoup de fer. Une partie de ce fer lui est fournie par l'alimentation quotidienne de la mère, une autre est puisée dans les réserves maternelles.

Si votre alimentation ne lui apporte pas suffisamment de fer, il s'approvisionnera entièrement sur vos réserves. Ce sont vos propres globules rouges qui lui fourniront le fer dont il a besoin. Le résultat pour vous sera une anémie plus ou moins sévère.

Si cette anémie est importante, elle peut être la cause d'une hypotrophie, c'est-à-dire d'une croissance défectueuse de votre bébé.

On recherche par une analyse de sang si vous manquez de fer. En effet, votre bébé fabrique intensément des globules rouges ; il consomme donc beaucoup de fer. Une partie lui est fournie par votre alimentation, l'autre est puisée dans vos réserves.

À SAVOIR

**La prise de conscience
du périnée**

Simulez le fait de retenir le
besoin d'aller à la selle
puis celui d'uriner. L'ensemble
des muscles que vous sentez
se contracter à l'arrière, puis
vers l'avant, constitue le
périnée. À tout moment de la
journée et en n'importe quelle
circonstance, assise ou
debout, faites des séries de
10 contractions du périnée
plusieurs fois par jour.

Si votre périnée souffre
pendant l'accouchement, les
conséquences peuvent être :
● une incontinence urinaire
plus ou moins importante.
Cela est le cas de 30 % des
femmes ayant accouché, qui
ont parfois des pertes d'urine
au cours d'efforts ou tout
simplement en riant ou en
toussant. Pour la majorité
d'entre elles, cet état est
provisoire mais 10 % doivent
effectuer une rééducation
des muscles périnéaux
si elles ne veulent pas rester
incontinentes ;
● une béance de la vulve ;
● une sensation de pesanteur
au niveau du petit bassin.

La relaxation vous
apporte une détente
de l'esprit et du corps
plus complète qu'au
cours du sommeil.

Commencez dès à présent les exercices de relaxation

La relaxation vous apportera une détente de l'esprit et du corps
plus complète qu'au cours du sommeil, où votre esprit toujours
en activité commande encore à vos muscles.

Vous commencerez maintenant les exercices de relaxation et
les poursuivrez jusqu'à l'accouchement.

L'idéal est bien sûr de vous inscrire à un cours de relaxation
classique ou de sophrologie. Vous y apprendrez les exercices
avec un professeur chevronné et, au bout de quelques séances,
vous les ferez chez vous correctement.

Exercices

Pour celles qui n'ont ni le temps ni les moyens de s'inscrire à un
cours, voici quelques exercices simples que vous n'aurez aucune
difficulté à faire.

Couchée sur le dos, sur le sol ou si vous préférez sur votre lit,
glissez des coussins sous votre tête et vos pieds. Vos genoux
sont maintenus surélevés par un gros oreiller plié en deux. Si votre
ventre est trop volumineux et vous opprime lorsque vous êtes
couchée sur le dos, allongez-vous sur le côté, le ventre reposant
sur le lit. Les rideaux sont tirés, vous êtes au calme, dans la
pénombre.

1er temps : prendre conscience de ses muscles

Vous allez prendre conscience de vos muscles en les contractant très lentement en inspirant puis en les relâchant progressivement tout en expirant. Commencez par les membres.
• **Les bras :** serrez les poings lentement, tenez quelques secondes puis relâchez la tension avant de contracter et de relâcher les
muscles du bras ;
• **Les jambes :** contractez d'abord les muscles des pieds et relâchez puis passez de la même façon aux mollets et ensuite aux
cuisses.
Poursuivez par le corps : fessiers, périnée, abdominaux, thorax
et visage. À chaque fois, contractez les groupes de muscles concernés en inspirant, maintenez quelques secondes la tension puis relâ-
chez-la en expirant.

2e temps : savoir contrôler tous ses muscles

Il s'agit de faire les exercices précédemment expliqués de façon
à arriver à décontracter complètement tous ses muscles. Pour
cela, vous ne travaillerez pas tous les muscles à la fois mais vous

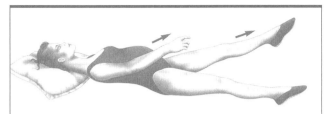

Pour bien sentir tous vos muscles en contraction puis en décontraction : tendez, en même temps, un bras et une jambe opposés ; tenez la position quelques secondes avant de relâcher ; alternez les deux côtés.

vous exercerez à décontracter localement un jour les bras, le lendemain les jambes, le 3e jour l'abdomen, etc.

Par exemple, votre bras sera complètement détendu si on peut le soulever sans aucune résistance et s'il retombe parfaitement inerte.

3e temps : relâcher en même temps tous les muscles de l'organisme

En inspirant, contractez tous les muscles à la fois. Restez sous tension pendant quelques secondes puis relâchez complètement en expirant.

DÉCONTRACTION DES JAMBES

Contractez les jambes, talons soulevés, orteils souples. Tenez la position quelques secondes avant de relâcher.

Fléchissez une jambe en relâchant tous les muscles. Tendez l'autre en la contractant le plus possible. Alternez.

CONSEILS
La préparation du périnée

- Assise en tailleur, mettez une main sur le périnée et les muscles abdominaux complètement détendus, contractez-le en commençant vers l'arrière et en continuant vers le vagin.
- Maintenez la contraction 5 secondes avant de relâcher pendant une dizaine de secondes. Poussez ensuite sur le périnée comme si vous vouliez pousser votre main : le périnée s'ouvre. Quand vous arriverez à faire cela facilement, entraînez-vous en coordonnant la respiration.
- Inspirez brièvement tout en contractant le périnée.
- Expirez longuement pendant la décontraction et l'ouverture du périnée. Cet exercice vous sera précieux au cours de l'accouchement, au moment de l'expulsion, car il détend la vulve et le périnée, favorisant ainsi la venue au monde de votre bébé. Faites ces exercices 2 à 3 fois par semaine à défaut de pouvoir les faire tous les jours, jusqu'à l'accouchement.

Quand vous aurez parfaitement maîtrisé cet exercice, vous aurez l'impression que votre corps est mou et s'enfonce sous vous. Votre respiration est régulière.

Après être restée ainsi au repos une dizaine de minutes, vous ferez quelques respirations profondes, étirerez bras et jambes, vous vous assoierez lentement avant de vous lever.

Périnée : attention, fragile

Le périnée est un ensemble de muscles et de ligaments compris entre le vagin et le rectum. Ils maintiennent en place la vessie et l'utérus et soutiennent le contenu abdominal en fermant complètement le petit bassin. Ils laissent seulement passer les artères et les veines ainsi que les conduits urinaire, génital et anal. Ces muscles et ligaments sont très sollicités pendant la grossesse et l'accouchement. S'ils manquent de souplesse, ils peuvent se distendre au point de perdre ensuite toute tonicité ou même se déchirer. Le résultat est un prolapsus, plus couramment appelé « descente d'organes ».

N'hésitez pas à consulter un service d'uro-dynamique comme il en existe dans chaque grande ville, au moindre signe de « fuites » pendant les deux premiers trimestres de votre grossesse. Votre médecin vous indiquera celui de votre ville.

Après l'accouchement, vous pouvez bénéficier d'une dizaine de séances de rééducation, prises en charge par la Sécurité sociale après entente préalable. Votre médecin ou une sage-femme consultés vous orienteront vers un kinésithérapeute pour cette rééducation. Vous ferez ensuite, quotidiennement chez vous, les exercices appris.

La rééducation abdominale ne pourra être entreprise qu'une fois le périnée totalement récupéré.

La préparation du périnée pour l'accouchement

C'est surtout au moment de l'expulsion que le périnée peut souffrir. En particulier si la femme qui accouche pousse avant la dilatation complète ou si elle pousse en contractant les muscles du périnée et en bloquant sa respiration. Le périnée tendu s'oppose à la force de l'expulsion et se distend d'autant plus. D'où l'importance d'apprendre à reconnaître les muscles périnéaux et de savoir les contracter et les relâcher avec l'aide de la respiration.

La musculation abdominale

Pour aborder votre futur accouchement avec confiance, autant que pour garder la forme pour les mois à venir, commencez dès maintenant les exercices musculaires. Par un entraînement régulier, vous allez entretenir le tonus et l'élasticité de vos muscles. Non seulement, vous vous fatiguerez moins dans les derniers mois de votre grossesse mais en plus, vous retrouverez plus rapidement la ligne après l'accouchement.

Exercice n° I

- Couchée sur le dos, jambes fléchies, pieds à plat sur le sol, bras écartés.
- Inspirez en levant les jambes à la verticale.
- Expirez en abaissant les jambes. Reposez les pieds au sol.
- Soulevez les épaules et légèrement le thorax.
- Tenez la position 5 secondes, puis relâchez.
- Respirez en vous reposant sur le dos.
- Répétez le mouvement 5 ou 6 fois.

CONSEILS

Quelques règles de base

- Faites vos exercices régulièrement. Un peu tous les jours.
- Votre entraînement doit être progressif car il ne doit pas être source de fatigue supplémentaire. Au début, vous ne ferez chaque mouvement que 1 ou 2 fois par jour et ensuite, lorsqu'ils vous sembleront faciles, vous irez jusqu'à 6, puis 10.
- Ne faites jamais d'exercice pendant la digestion.
- Alternez exercices respiratoires et exercices musculaires. Vous arrêterez les exercices musculaires lorsque leur pratique commencera à être pénible.

Faites des exercices régulièrement. Vous vous fatiguerez moins dans les derniers mois de votre grossesse et vous retrouverez plus rapidement la ligne après l'accouchement.

À SAVOIR

De la persévérance
Il vous faudra plusieurs séances avant d'arriver à vous concentrer parfaitement et donc réussir correctement ces exercices. Mais vous en tirerez un bénéfice réel pour le temps de grossesse qui vous reste à vivre et pour le jour de votre accouchement.

Évitez les stations debout prolongées, les piétinements, le chauffage par le sol. Marchez, nagez et surélevez les jambes dès que possible.

Exercice n° 2
- Couchée sur le dos, jambes pliées, bras écartés.
- Basculez vos jambes, toujours pliées, d'un côté puis de l'autre, jusqu'au sol, par un mouvement de torsion.

Exercice n° 3
- Allongée sur le dos, jambes fléchies, pieds à plat sur le sol, bras écartés, soulevez les épaules et légèrement le thorax.
- Tenez la position 5 secondes, puis relâchez.
- Respirez en vous reposant sur le dos.
- Répétez le mouvement 5 ou 6 fois.

POUR VOUS LEVER D'UNE CHAISE

Placez un pied devant l'autre et penchez-vous vers l'avant pour placer le centre de gravité devant les hanches.
Gardez le cou et le dos droits, levez-vous en prenant appui sur les pieds.

cou et dos droits

LE 6ᴱ MOIS DE VOTRE GROSSESSE

Âge de la grossesse	23ᵉ semaine	24ᵉ semaine	25ᵉ semaine	26ᵉ semaine
OBSERVATIONS GÉNÉRALES	L'utérus qui grossit déplace vos organes internes. Le diaphragme remonte. Les côtes les plus basses s'écartent. L'estomac est légèrement déplacé sur le côté.	Si c'est votre premier bébé, vous le sentez nettement bouger à présent. La HU est autour de 24 cm.	Votre urine est riche en lactose, sucre normalement émis pendant les derniers mois de la grossesse.	Vous allez prendre 350 à 400 g par semaine pour constituer une graisse de réserve.
SYMPTÔMES POSSIBLES	Le taux accru de progestérone ralentit la digestion, d'où des régurgitations d'acidité vers l'œsophage.	• Insomnies, • crampes, • petites douleurs dues à une mauvaise position.		Mal au dos. Mauvaise posture.
PRÉCAUTIONS À PRENDRE	Si vous avez une crise d'herpès, avertissez votre médecin. Attention à l'anémie.	Faire un repas léger le soir. Faire des exercices de relaxation.	Manger normalement salé, ni trop, ni trop peu. Vérifiez vous-même vos urines régulièrement pour le sucre et l'albumine. En cas de doute, voyez votre médecin.	Faire des exercices physiques pour garder une bonne attitude. Portez des chaussures confortables.
EXAMENS	Numération globulaire.		• Examen gynécologique et obstétrical. • Examens de laboratoire.	
DÉMARCHES			4ᵉ visite médicale obligatoire.	

Septième mois

Votre bébé est viable ! Mais ne soyez pas trop pressée de le voir. Laissez-le encore un peu à l'abri, bien au chaud. S'il naissait maintenant, il serait un grand prématuré, avec tous les risques que cela comporte. Alors, ce mois-ci, ne vous agitez pas trop, laissez-le encore grandir et prendre des forces, tout doucement, sans se presser.

Votre bébé a déjà une perception aiguisée. Perception des sons mais aussi des sensations. Quand il bouge en réponse à une stimulation qui le sollicite, c'est pour marquer son agrément ou son désagrément. Il le fait de façon spontanée, réflexe, sans processus intellectuel qui lui permettrait d'interpréter ce qui se passe.Il perçoit ainsi les émotions intenses que vous pouvez ressentir. Il les ressent indirectement par l'adrénaline que vous sécrétez soudain et qui traverse le placenta. Ne vous inquiétez pas, il n'en est pas affecté durablement pour autant.

> Du début de la 29e semaine depuis le 1er jour des dernières règles à la fin de la 32e semaine.

> Du début de la 27e semaine de grossesse à la fin de la 30e semaine de grossesse.

L'évolution de votre bébé

Il va de soi que la mère ne peut passer 9 mois complets sans émotions ni stress d'aucune sorte. Aussi, comme la nature ne laisse rien au hasard, ce surplus d'adrénaline que reçoit de temps en temps le bébé, ne serait-il pas nécessaire à la maturation de certains processus physiologiques ? C'est une hypothèse et, tant qu'elle ne sera pas démontrée, il n'est pas superflu de vous recommander de vivre au calme et de vous reposer le plus possible.

7ᴱ MOIS

Le 7ᵉ mois correspond à une période qui va :
- du début de la 29ᵉ semaine depuis le 1ᵉʳ jour de vos dernières règles jusqu'à la fin de la 32ᵉ semaine.
- du début de la 27ᵉ semaine de grossesse, à la fin de la 30ᵉ semaine de grossesse.

À SAVOIR

Il suce son pouce
Votre bébé continue à sucer son pouce. Certains bébés, peut-être plus gourmands que d'autres, ont, à la naissance, le pouce irrité de l'avoir trop sucé.

À SAVOIR

Température interne
L'autorégulation de la température interne se met en place.

Ses poumons

Au cours du développement pulmonaire, les bronches ont subi une série de divisions. Chacune s'est divisée en deux et ainsi de suite, ce qui aboutit à la fin du 6ᵉ mois à des bronches de 17ᵉ ordre. L'arbre bronchique est entièrement rempli de liquide amniotique, qui se résorbera rapidement au moment de la naissance.

À la 28ᵉ semaine de grossesse, votre bébé ne fait plus de mouvements respiratoires désordonnés mais effectue à présent des mouvements rythmiques coordonnés. Ils commencent à devenir moins fréquents et apparaissent généralement au cours de périodes d'activité des paupières associées au sommeil ou à la veille.

Son cerveau

Au niveau du cerveau, l'ensemble des neurones accrochés les uns aux autres par l'intermédiaire de leurs dendrites forme un réseau câblé, support nécessaire à la conduction de l'influx nerveux. Pour que la propagation du message soit rapide et de bonne qualité, il faut que se forme autour des fibres nerveuses une gaine isolante d'une substance appelée myéline. Cette myélinisation des nerfs est la dernière étape de la maturation du cerveau. Elle va durer près de 20 ans !

La myélinisation débute à la fin du 2e trimestre de la grossesse et est très active pendant tout le 3e trimestre. Elle est cependant encore très rudimentaire à la naissance, ce qui explique pourquoi le nouveau-né ne marche pas. Il faut attendre la myélinisation progressive des différentes zones du cerveau pour voir s'accomplir les progrès moteurs, sensoriels et psychiques de l'enfant. Cette myélinisation va être intense de la naissance à l'âge de 3 ans, période de grand apprentissage pendant laquelle l'enfant va acquérir la marche, la propreté, le langage et manifester les signes d'une pensée cohérente. Elle se poursuivra plus graduellement pendant toute l'enfance puis au cours de l'adolescence.

Son sexe

À la 28ᵉ semaine de grossesse, les testicules de votre bébé garçon descendent dans l'aine. Les choses vont vite puisqu'à la 30ᵉ semaine ils quittent la région de l'aine pour descendre dans les bourses.

Si votre bébé est une fille, les millions d'ovogonies que contenaient ses ovaires ont dégénéré. Seules 400 à 500 cellules continueront leur maturation. Elles représentent 13 ovocytes émis par an (un tous les 28 jours) pendant les 40 ans de la vie génitale de la femme. À la 30ᵉ semaine de grossesse, ces ovogonies restantes se transforment en ovocytes de premier ordre. À la puberté de votre fille, ils évolueront en ovocytes de deuxième ordre, pouvant être fécondés. Encore en gestation, votre bébé fille se prépare déjà pour faire de futurs bébés !

Sa taille

Au début du 7ᵉ mois, la taille de votre bébé est de 22 cm de la tête au coccyx et de 34 cm de la tête aux talons. Son poids est de 1 kg !
Le diamètre de sa tête est aux environs de 7,5 cm.
À la fin de ce mois, sa taille est de 25 cm de la tête au coccyx et de 37 cm de la tête aux talons.
Son poids est de 1,5 kg.
Le diamètre de sa tête est de 8,2 cm.

Ses yeux

À la 29ᵉ semaine de grossesse, les yeux de votre bébé sont maintenant complètement ouverts mais, comme la rétine ne reçoit aucune lumière, elle reste inactive.
Les cils sont déjà très longs.

Jusqu'au 7ᵉ mois, votre bébé a suffisamment d'espace pour se retourner. Mais au cours de ce mois, il va prendre environ 500 g. Il va être rapidement à l'étroit.

27 SEMAINES APRÈS VOTRE FÉCONDATION.

LE 7ᴱ MOIS DE VOTRE BÉBÉ

Âge de votre bébé	27ᵉ semaine	28ᵉ semaine	29ᵉ semaine	30ᵉ semaine
SA TAILLE	22 cm de la tête au coccyx. 34 cm de la tête aux talons.	23 cm de la tête au coccyx. 35 cm de la tête aux talons.	24 cm de la tête au coccyx. 36 cm de la tête aux talons.	25 cm de la tête au coccyx. 37 cm de la tête aux talons.
SON POIDS	I kg	I kg 150	I kg 300	I kg 500
SON DÉVELOPPEMENT	La myélinisation des nerfs continue. C'est la dernière étape de la maturation du cerveau. Elle va durer près de 20 ans.	Le corps de votre bébé commence à s'arrondir légèrement. Si votre bébé est un garçon, ses testicules descendent dans l'aisne. Les mouvements respiratoires sont maintenant coordonnés. Autorégulation de la température interne.	Les mouvements de votre bébé se réduisent par manque de place. Les yeux sont ouverts. Les cils sont déjà longs. Votre bébé découvre le sens du goût.	Les testicules du garçon descendent dans le scrotum. Chez la fille, formation dans l'ovaire des ovogonies, cellules sexuelles primitives. Votre bébé occupe presque tout le volume de l'utérus.
OBSERVATIONS GÉNÉRALES	Le poids actuel de votre bébé est à peu près le tiers de son poids de naissance.			

Votre évolution

La plupart des mères prennent environ 400 g en cette 27ᵉ semaine de grossesse. Près de 60 % vont au bébé et ses annexes tandis que 40 % restent à la mère.

Tous vos organes travaillent davantage

Tous vos organes ont grossi pour assumer une surcharge de travail. Le foie, lui, n'a pas bougé. Sous l'effet de la progestérone, la vésicule biliaire ne se vide pas aussi bien et le risque de calcul biliaire augmente pour celles qui sont prédisposées.

Votre cœur bat plus rapidement qu'avant votre grossesse : environ 12 battements de plus à la minute. Votre masse sanguine augmentée circule plus vite et environ 185 millilitres de votre sang traversent le placenta chaque minute.

La pigmentation de votre peau continue d'évoluer et, durant les trois derniers mois de la grossesse, beaucoup de femmes remarquent une ligne verticale sombre située en plein milieu de l'abdomen, du nombril au pubis. Cette ligne redeviendra claire peu de temps après la délivrance. Le changement de pigmentation est dû à l'accroissement d'une hormone sécrétée par l'hypophyse.

Vos glandes mammaires se sont hypertrophiées au cours du 1ᵉʳ trimestre et maintenant tout est prêt en vue de la lactation. Il se peut que vous découvriez sur vos vêtements des taches au niveau des seins. Il s'agit de colostrum, liquide épais et jaunâtre, qui s'écoule spontanément. Pressez vos seins et vous le verrez poindre.

Le colostrum est le premier lait qu'absorbera votre bébé si vous le faites téter. Il est purgatif et contient de nombreux anticorps. La production du colostrum dépend de la stimulation des seins par la prolactine. Cette hormone d'origine placentaire est responsable, non seulement du colostrum pendant la grossesse puis de sa libération au moment de l'accouchement, mais aussi de la synthèse du lait au cours de l'allaitement.

Votre utérus a encore augmenté de volume : il dépasse actuellement votre nombril de 4 à 5 cm. Cela accentue évidemment tous les inconvénients déjà cités : sensation de pesanteur, tendance à l'essoufflement, aigreurs d'estomac.

À SAVOIR
Vous attendez des jumeaux

La surveillance médicale est très stricte car les grossesses gémellaires arrivent difficilement à terme. 75 à 80 % des primipares et 45 % des multipares accouchent avant terme. Cela est dû au fait que l'utérus plus distendu que normalement se contracte plus facilement.
À partir de ce 7e mois :
- on vous fera une analyse d'urine tous les 15 jours car les risques d'albuminurie sont plus grands ;
- vous verrez le médecin tous les 15 jours ;
- reposez-vous le plus possible.

Bientôt, vous serez en congé de maternité. Un repos indispensable pour la santé de la mère et de l'enfant.

Votre obligation du 7e mois : la 5e visite médicale obligatoire

Elle est très importante car non seulement le médecin va s'assurer une fois de plus que tout va bien, mais, en outre, il vous renouvelle ses conseils de prudence. Le 7e mois est un cap parfois délicat à franchir. Une cause bénigne les mois précédents peut devenir critique à ce moment de la grossesse et déclencher prématurément l'accouchement. Aussi soyez attentive à ce que vous ressentez et signalez toute anomalie à votre médecin.

Attention à l'accouchement prématuré

Votre bébé est théoriquement viable mais s'il venait au monde maintenant, il aurait beaucoup de mal à passer ce premier handicap d'une naissance très prématurée.

Si vous avez des pertes de sang

Consultez sans tarder. Vous avez probablement le placenta inséré dans la partie basse de l'utérus, assez près du col. C'est ce que l'on appelle un placenta *praevia*.
À cette étape de votre grossesse, de légères contractions utérines peuvent décoller partiellement le placenta, provoquant des hémorragies plus ou moins importantes. Le médecin consulté vous prescrira le repos absolu, en position couchée jusqu'au terme de la grossesse.

D'une façon générale : reposez-vous

Ne vous agitez pas trop. Ce n'est plus le moment de partir en voyage, de déménager ni d'entreprendre une activité fatigante. Ménagez-vous le plus possible. Votre bébé est bien petit, il a encore besoin de vous.
Cessez toute activité sportive, sauf la gymnastique spécifique à la grossesse que vous pouvez poursuivre, si vous vous sentez bien.

Les causes de l'accouchement prématuré

On appelle prématuré un enfant né entre 35 et 37 semaines comptées à partir du 1er jour des dernières règles. Parmi eux, 20 à 30 % sont des jumeaux. Un enfant né à moins de 35 semaines est un grand prématuré.
La menace d'accouchement prématuré se manifeste par des contractions qui deviennent de plus en plus rapprochées et douloureuses. Elles peuvent s'accompagner de pertes légères roses ou brunâtres. Le mieux est de vous rendre à la maternité, sans affolement ni précipitation. Vous y resterez quelques jours, sous surveillance, avec des antispasmodiques et un traitement

destiné à arrêter les contractions. Une fois rentrée chez vous, reposez-vous le plus souvent possible, en position allongée.
S'il y a eu perte des eaux même sans contractions, vous devez partir d'urgence à la maternité.

L'enfant prématuré

Malgré l'amélioration des techniques qui permettent de suppléer aux besoins du bébé né trop tôt, la prématurité reste une situation difficile à vivre pour l'enfant et les parents. Il demande de la part du personnel soignant une disponibilité totale car c'est de lui que tout dépend.
À poids égal, le prématuré est différent d'un bébé de faible poids né à terme car ses organes n'ont pas terminé leur maturation. Né à 7 mois, il mettra 2 mois pour arriver à la maturité du terme et gardera assez longtemps ce retard de poids et de taille. Un prématuré né à moins de 35 semaines pèse moins de 2 kg.
Son aspect extérieur est caractéristique. Sa peau est rouge et recouverte de lanugo, ce duvet spécial au fœtus. Très fine, elle laisse apparaître les vaisseaux sanguins les plus gros.
L'enfant prématuré est nourri dès le premier jour. Or, son estomac a une toute petite capacité de 5 à 6 cm³ et ses réflexes de succion et de déglutition sont encore très primitifs. On lui donne donc des solutions lactées par l'intermédiaire d'une sonde gastrique passant par le nez et, pour compléter, on lui administre, par une sonde placée dans une veine de la tête, du sérum glucosé. Dès que ses réflexes sont suffisamment évolués, on le débranche pour lui donner de petits biberons de lait de femme. On demande à la mère de tirer son lait artificiellement et de l'apporter à l'hôpital pour nourrir son enfant, car le lait de femme est vital pour le bébé prématuré. En outre, le lait est le lien affectif entre la mère et l'enfant. Quand la mère n'a pas de lait, l'hôpital s'adresse à un lactarium.
Dès que possible, on sort le bébé de son incubateur pour grand prématuré pour le mettre dans une couveuse moins sophistiquée. On le rend à ses parents quand il pèse 2,5 kg.

Attention aux maladies infectieuses

Une maladie infectieuse de la mère à cette période de la grossesse peut être grave de conséquences car de nombreux virus et bactéries sont capables de franchir le placenta. Ils pénètrent dans la circulation sanguine du bébé en traversant la membrane des villosités, devenue très mince, pour laisser filtrer un maximum d'éléments nutritifs.
Ces virus ou bactéries qui provoquent une maladie de la mère sont pour elle d'une gravité variable : cela peut aller d'une sim-

À SAVOIR
Causes de accouchement prématuré
• Insertion anormale du placenta, ou placenta *praevia*.
• Insuffisance de fermeture du col utérin.
• Distension trop grande de l'utérus. C'est le cas des grossesses gémellaires.
• Maladie de la mère comme le diabète, l'herpès, le sida, la toxémie gravidique ou une hypertension artérielle.
• Maladie infectieuse contractée par la mère au cours de la grossesse comme la toxoplasmose, la listériose ou l'hépatite virale. En fait, il arrive souvent, dans les cas de maladie, que le médecin décide de provoquer l'accouchement pour éviter à l'enfant les risques encourus par la maladie maternelle.
• Choc, traumatisme. Le cas le plus fréquent est naturellement l'accident de voiture.
• Fatigue due aux conditions de travail et de transport.

La prévention d'un accouchement prématuré passe par une surveillance régulière au cours des examens obligatoires : on observe le col, la position de l'enfant, s'il y a infection ou non…

À SAVOIR

À dépister

Plus la maladie sera dépistée précocement et plus le traitement, mis en route aussitôt, sera efficace. C'est pourquoi vous devez être vigilante à votre santé et signaler à votre médecin le moindre signe anormal, comme : l'apparition inexpliquée de fièvre, qui peut être légère et qui dure sans motif apparent, ou au contraire se manifeste par de fortes poussées ; la congestion du visage ; des maux de tête ; un mal de gorge ; une infection urinaire ou génitale ; des troubles intestinaux.

CONSEILS

Éviter la listériose

• Évitez pendant tout le temps de votre grossesse un contact étroit avec chiens et chats.
• Lavez très soigneusement légumes et fruits.
• Faites bien cuire la viande.
• Supprimez les produits laitiers non pasteurisés.
• Consultez votre médecin au moindre accès de fièvre, tout en sachant qu'une poussée de fièvre ne signifie pas forcément que vous êtes atteinte de listériose.

Évitez les fromages au lait cru, la charcuterie, les poissons fumés et les coquillages. La viande doit être bien cuite.

ple grippe à une hépatite virale. Le passage du microbe dans l'organisme du bébé peut, suivant les cas, déclencher sa naissance prématurée ou, pire, lui être fatal.

La listériose

Environ 1 femme enceinte sur 1 000 est concernée par la listériose, maladie infectieuse due à une bactérie, le listeria monocytose. Elle se transmet en priorité par voie digestive du fait de la consommation d'aliments contaminés, en particulier la viande mal cuite et les produits laitiers. La contamination par voie respiratoire au contact d'animaux domestiques ou d'élevage ne doit pas être négligée.

La maladie se déclare le plus souvent autour du 7e mois, époque à laquelle le listeria est capable de franchir la barrière placentaire. L'infection qui en résulte provoque chez la mère une fièvre subite, qui peut être élevée, autour de 38-39 °C, avec une forte congestion du visage. Quand elle est légère, dans le quart des cas seulement, elle dure plus longtemps que pour un simple rhume et récidive sans raisons. Elle s'accompagne souvent de courbatures, de maux de tête, de maux de gorge. Des troubles intestinaux ou une infection urinaire peuvent compléter le tableau clinique. Pour l'enfant, la situation est critique : pour les cas non traités, deux tiers des fœtus contaminés meurent *in utero* ou dans les 48 heures qui suivent la naissance alors qu'un autre tiers souffre d'hypotrophie grave. Dans la majorité des cas, la maladie provoque un accouchement prématuré. Tout dépend de la rapidité d'action dans le diagnostic et dans la mise en route du traitement. Pour tout accès de fièvre, vous devez absolument consulter un médecin. Il vous enverra dans un laboratoire pour un test de dépistage, mais avant même d'en connaître le résultat, il vous prescrira un traitement à base d'antibiotiques. La bactérie est très sensible aux dérivés de la pénicilline et n'y résiste pas plus de 48 heures. Par sécurité, le traitement sera poursuivi 3 semaines. Avec un traitement déclenché suffisamment tôt, votre enfant a toutes les chances d'être indemne. Les précautions à prendre sont les mêmes que celles préconisées pour se protéger de la toxoplasmose (voir page 40). Ce qui signifie qu'avec une hygiène de vie correcte qui allie bon sens et prudence, la grossesse a toutes les chances de se dérouler sans problèmes majeurs.

Préparez-vous à l'accouchement

Quelle que soit la méthode choisie, vous avez tout intérêt à suivre une préparation à l'accouchement. Par une préparation psychique et physique liée surtout à l'apprentissage d'une méthode de respiration, vous aborderez le moment venu sans panique et serez ainsi capable de participer activement à la naissance de votre enfant.

Toute femme enceinte devrait commencer sa préparation à l'accouchement le plus tôt possible, car c'est par une pratique régulière que se créent des réflexes qui apparaîtront automatiquement au moment voulu. Malheureusement, certaines ne se sentent pas prêtes à commencer avant la date classique, d'autres n'ont pas le temps.

Quant à celles qui ne peuvent se déplacer pour aller dans un cours car devant observer un repos allongé absolu, elles peuvent quand même travailler la respiration (voir page 97), le périnée (voir page 120) et la relaxation (voir page 118). Si elles consacrent chaque jour un peu de temps à la répétition de ces exercices, elles pourront aborder l'accouchement avec confiance.

La préparation classique

La **psychoprophylaxie obstétricale**, autrefois appelée l'**accouchement sans douleur**, n'a pas pour ambition de supprimer toute douleur. Néanmoins, en connaissant les mécanismes qui en sont la cause, la femme qui accouche peut mieux les contrôler. Malgré de nombreuses faiblesses, l'ASD a eu le grand mérite de permettre aux femmes, qui jusqu'alors ignoraient tout d'elles-mêmes et *a fortiori* du développement de l'enfant qu'elles portaient ainsi que des modalités de l'accouchement, d'accéder à une certaine compréhension de tous ces phénomènes physiologiques.

Par la possibilité d'une participation active à son accouchement, la future mère l'aborde avec une certaine sérénité. Elle est d'autant plus détendue que sa connaissance des principales étapes du déroulement de l'accouchement la débarrasse de la peur, due à l'ignorance, qui a prévalu au cours des siècles. Et ne pas avoir peur, cela veut dire avoir des muscles décontractés capables de répondre à la stimulation, qui accompagnent les phénomènes naturels au lieu de les freiner par des tensions inverses. Cela veut dire : moins souffrir.

La préparation à l'accouchement étant fondée sur l'idée que la douleur est moindre si la femme comprend ce qui se passe et a les moyens d'y faire face, les cours sont orientés à la fois sur l'information et la préparation physique. La première séance est une prise de contact avec des explications théoriques sur la grossesse, de la conception jusqu'au déroulement de l'accouchement. Des informations pratiques sur l'hygiène de la grossesse, l'allaitement, les démarches à effectuer, ce qu'il faut prévoir pour soi et le bébé lors du séjour à la maternité complètent les cours.

CONSEILS

Indispensable
La préparation classique à l'accouchement est indispensable, même si vous envisagez d'accoucher sous péridurale. Elle est assurée par des sages-femmes, des kinésithérapeutes et des gynécologues obstétriciens, au cours de 8 séances remboursées par la Sécurité sociale.
Elle commence vers le 7e mois de la grossesse et le futur père est en général cordialement invité à y participer.
Vous apprendrez :
• à vous relaxer pour profiter au maximum du repos entre les contractions ;
• à respirer selon les différents modes de respiration utilisés au cours de l'accouchement ;
• à entraîner les muscles qui auront à fournir un effort particulier, notamment au moment de l'expulsion.

Commencez les séances de préparation à l'accouchement. Un accouchement bien préparé, physiquement et moralement, sera mieux vécu que s'il survient sans préparation.

Préparation en piscine
La préparation dans l'eau permet d'obtenir une bonne relaxation et un excellent entraînement musculaire car les mouvements sont plus faciles à réaliser, les problèmes de poids étant supprimés. Le corps travaille harmonieusement et en souplesse.

De nouvelles méthodes de préparation se sont développées, basées sur des techniques de relaxation. Votre médecin pourra vous conseiller, suivant vos désirs, et vous indiquer quelques adresses utiles. Renseignez-vous également à la maternité.

Chant prénatal
C'est la création d'une relation privilégiée entre la mère et son enfant par le chant. Le bébé réagit au chant de la mère qui perçoit les réactions du bébé suivant que les sons sont aigus ou graves. En outre, la pratique du chant favorise, pour la mère, la respiration et fait travailler, par alternance de contraction et de détente, les muscles abdominaux et le périnée.

Les autres séances sont réservées à l'apprentissage d'exercices physiques qui sont à répéter quotidiennement chez soi.

Les autres préparations à l'accouchement

Le yoga
C'est un ensemble de techniques visant à la maîtrise du corps et de l'esprit. Le travail musculaire tout en douceur, bien qu'il soit en profondeur, est lié à une recherche de relaxation optimale. La pratique du yoga au cours de la grossesse permet une adaptation progressive aux transformations du corps et une excellente préparation en vue de l'accouchement. À commencer dès que possible.

La sophrologie
C'est l'obtention de la maîtrise de soi par la relaxation et la suggestion. La préparation comporte 8 séances réparties pendant la grossesse mais nécessite en fait des exercices quotidiens commencés le plus tôt possible.
Pour que les bienfaits de la sophrologie soient ressentis lors de la grossesse et pour mettre en place des mécanismes neurophysiologiques, l'entraînement doit être d'une vingtaine de minutes chaque jour. Les exercices musculaires, articulaires et respiratoires, destinés à renforcer la concentration, permettent une meilleure adaptation aux événements. Pendant la grossesse, la préparation sophrologique est un remède à l'angoisse et au stress générateurs de fatigues et d'insomnies.

L'haptonomie
Cette préparation, qui n'est pas une méthode d'accouchement à proprement parler, a pour but de développer une communication directe avec le bébé par un contact affectif et émotionnel. Il s'établit par le toucher, chargé d'affection, de la paroi abdominale de la mère. Le bébé, qui sent les mains de la mère ou du père qui le cherchent et le caressent, manifeste sa présence. C'est l'occasion pour le futur père de participer activement à la grossesse. Peu à peu, le bébé répond par des mouvements. Cette méthode tend à créer les conditions optimales pour développer un attachement parent-enfant, et réciproquement. L'attouchement des mains permet la libération de toutes les contractures et tensions internes et modifie le tonus corporel. Au moment de l'accouchement, grâce au contact des mains, les muscles abdominaux et le périnée seront détendus et répondront à la demande. Les bons gestes ne s'improvisent pas. Ils sont à apprendre avec des médecins compétents dans cette technique.

LE 7ᴱ MOIS DE VOTRE GROSSESSE

Âge de la grossesse	27ᵉ semaine	28ᵉ semaine	29ᵉ semaine	30ᵉ semaine
OBSERVATIONS	Tous vos organes ont grossi sauf le foie.	**Votre cœur bat plus vite :** environ 12 battements de plus à la minute.	Vos seins peuvent sécréter un peu de colostrum. L'utérus dépasse le nombril de 4 à 5 cm.	Une ligne verticale sombre peut apparaître au milieu de l'abdomen.
SYMPTÔMES POSSIBLES			Sensation de pesanteur, aigreurs d'estomac, tendance à l'essoufflement.	
PRÉCAUTIONS À PRENDRE	**Attention à l'accouchement prématuré :** • reposez-vous, • cessez toute activité sportive.	Commencez une préparation à l'accouchement.	**Attention aux maladies infectieuses :** • évitez chiens et chats, • laver légumes et fruits, • cuire très bien la viande, • supprimer les laitages et fromages au lait cru. Au moindre signe de fièvre : consulter immédiatement.	Consommez des aliments riches en fer. Buvez beaucoup pour alimenter le volume sanguin.
EXAMENS	Si vous attendez des jumeaux : • analyse d'urine et visite médicale tous les 15 jours.			3ᵉ échographie.
DÉMARCHES			5ᵉ visite médicale obligatoire.	

Huitième mois

Votre bébé a commencé à grossir depuis une quinzaine de jours. Il ne va plus s'arrêter pour devenir, le jour de sa naissance, un petit poupon bien rond. Pendant ses deux derniers mois et demi de vie intra-utérine, il prend 50 % du poids total qu'il aura à terme. C'est pourquoi votre alimentation est d'une importance capitale. Ce que vous mangez construit votre bébé. Ce mois-ci, s'il ne l'a pas déjà fait, votre bébé va se retourner pour s'orienter dans la bonne direction. Tête en bas, il prend dès maintenant ses dispositions pour sortir, avant d'être trop gros et de ne plus pouvoir le faire.

> Du début de la 33e semaine depuis le 1er jour des dernières règles à la fin de la 36e semaine.

> Du début de la 31e semaine de grossesse à la fin de la 34e semaine de grossesse.

L'évolution de votre bébé

À ce stade de son développement, votre bébé occupe pratiquement tout le volume de l'utérus. Il n'a plus assez de place pour jouer à l'alpiniste, se balancer au bout de son cordon et se déplacer d'un point à l'autre. Il va encore grandir et grossir. L'utérus aussi, parallèlement, mais l'espace est définitivement restreint.

8ᴱ MOIS

Le 8ᵉ mois correspond à une période qui va :
- du début de la 33ᵉ semaine depuis le 1ᵉʳ jour de vos dernières régles jusqu'à la fin de la 36ᵉ semaine.
- du début de la 31ᵉ semaine de grossesse, à la fin de la 34ᵉ semaine de grossesse.

A SAVOIR

Ses ongles poussent
Au début du 8ᵉ mois, les ongles de votre bébé atteignent à présent le bout des doigts mais pas encore l'extrémité des orteils.

A SAVOIR

Il n'a pas bougé aujourd'hui
Si vous ne le sentez plus bouger pendant une journée, appelez votre médecin ou la maternité : votre bébé est peut-être en danger.

Bébé se met en position pour faire son entrée dans le monde

Avant de bouger plus discrètement, votre bébé prend dès maintenant ses dispositions pour sortir, tête en bas, avant d'être trop gros. Il va faire une dernière galipette et se retourner complètement, prenant ainsi la position définitive qu'il aura au moment de l'accouchement.

Grâce à l'échographie, on pourra savoir comment votre bébé fera son entrée dans le monde : tête la première ou par le siège. C'est ce que l'on appelle la présentation.

Des stimulations sonores comme de la musique ou la voix des parents, notamment celle du père car à fréquence plus basse, déclenchent des mouvements chez votre bébé ainsi qu'une accélération du cœur, visibles à l'échographie.

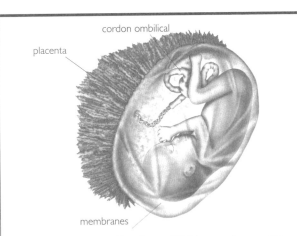

cordon ombilical

placenta

membranes

Votre bébé se retourne, s'il ne l'a pas déjà fait, pour placer sa tête dans la partie la plus étroite de l'utérus. 95 % des bébés ont ainsi la tête en bas, le dos orienté vers la gauche. Seulement 4 % des bébés se retournent au dernier moment.

Calcium et adrénaline

Le niveau du calcium dans le sang du bébé est actuellement plus haut que dans celui de la mère. Le placenta est quelquefois surnommé la « pompe à calcium » car il distribue le minéral de la mère au bébé, en quantité énorme, pour l'élongation des os. Les glandes surrénales situées au sommet des reins sont, chez votre bébé, de la taille de celles d'un adolescent. Elles produisent chaque jour près de 10 fois plus d'hormone stéroïde que chez un adulte normal ! Une partie est transformée en une hormone œstrogène, à l'origine du colostrum qui peut s'écouler dès à présent de vos seins. Après la naissance, les glandes surrénales vont régresser de manière incroyable puisqu'elles seront, cette fois, proportionnelles à la taille de votre bébé.

Le méconium

Votre bébé avale beaucoup de liquide amniotique et urine beaucoup. Le méconium constitué à partir des débris cellulaires et graisseux contenus dans le liquide amniotique, de mucus et de bile qui se déverse de la vésicule, s'accumule dans ses intestins. Il s'agit d'une matière verdâtre ou noirâtre, épaisse et visqueuse, que le bébé éliminera naturellement à la naissance. Il le rejettera d'autant mieux s'il tète au sein maternel le colostrum, qui est un léger purgatif.

Le méconium est repéré dans le liquide amniotique par amnioscopie.

À partir de ce 8e mois et jusqu'à la naissance, la détection de méconium dans le liquide amniotique, normalement clair, est un signe de détresse fœtale. La première manifestation de souffrance fœtale est en effet la contraction de l'intestin. Des dispositions doivent alors être prises. Généralement, le médecin décide de provoquer l'accouchement.

Les marques de naissance

Au cours du développement peuvent survenir des défauts mineurs visibles à la naissance. Par exemple une tache que l'on appelle une marque de naissance ou encore une envie. La marque de naissance n'est pas une tumeur et pousse à peu près à la même vitesse que les tissus qui l'entourent. N'importe quelle partie du corps peut être touchée, mais plus de la moitié des marques apparaissent sur la peau du visage, de la tête ou du cou. Quelques marques persistent toute la vie, d'autres régressent de façon appréciable ou disparaissent complètement pendant l'enfance. Le laser est utilisé avec succès dans leur suppression.

C'est au cours de ce mois que votre bébé va se retourner, tête en bas, pour se préparer à sortir.

LE 8E MOIS DE VOTRE BÉBÉ

Âge de votre bébé	31e semaine	32e semaine	33e semaine	34e semaine
SA TAILLE	26 cm de la tête au coccyx. 39 cm de la tête aux talons.	27 cm de la tête au coccyx. 40,5 cm de la tête aux talons.	28 cm de la tête au coccyx. 42 cm de la tête aux talons.	29 cm de la tête au coccyx. 43 cm de la tête aux talons.
SON POIDS	I kg 700	I kg 900	2 kg 100	2 kg 200
SON DÉVELOPPEMENT	Les stimulations sonores provoquent des mouvements du bébé et une accélération cardiaque, visible à l'échographie.	Les ongles de votre bébé atteignent le bout des doigts mais pas celui des orteils. La peau est à présent rose. Elle a encore une apparence fripée.	Votre bébé avale beaucoup de liquide amniotique et urine beaucoup. Le méconium s'accumule dans son intestin.	Votre bébé excrète environ deux cuillères à soupe d'urine par heure. Si c'est une fille, les ovaires ne sont toujours pas descendus dans l'abdomen.
OBSERVATIONS GÉNÉRALES	Mesure du diamètre de la tête possible par échographie.	Votre bébé absorbe énormément de calcium pour l'élongation de ses os.	Il se retourne, tête en bas.	La détection de méconium dans le liquide amniotique est signe de détresse fœtale.

Votre évolution

Les os de votre bébé continuent de s'allonger et de s'épaissir. Il ne faut pas que ce soit au détriment de votre propre squelette ou de votre dentition. Consommez lait et fromages quotidiennement pour lui apporter la quantité de calcium dont il a besoin.

Respirez

L'utérus est un organe remarquable. Au cours de la grossesse, il multiplie son poids au moins par 10 et augmente d'environ 500 fois en volume.

En augmentant de volume, l'utérus appuie sur le diaphragme qui remonte et porte sur le bord de la cage thoracique.

C'est en position assise que vous sentez surtout cette gêne qui peut finir par être douloureuse. Si c'est le cas, levez-vous et étirez-vous en levant les bras tout en inspirant. Baissez les bras en expirant.

Comme la peau de votre abdomen est très tendue, votre nombril est lui aussi tiré et aplati. Chez certaines femmes, il est si tiré qu'il se retourne et apparaît alors en relief.

Votre congé de maternité

Envoyez à la Sécurité sociale une attestation d'arrêt de travail remplie et signée par votre employeur.

À la 32e semaine de grossesse, vous êtes à 7 semaines du terme. À la fin de cette semaine, votre congé de maternité va commencer et ce n'est pas un luxe. Vous êtes alourdie par un utérus très gros, fatiguée par une circulation sanguine et une respiration difficiles car tous les organes sont comprimés.

Reposez-vous

Reposez-vous et continuez à vous préparer matériellement et psychiquement à la venue de votre bébé.
(Voir Annexes : congé de maternité.)

• **Reposez-vous le plus possible.** Évitez toute activité ou imprudence qui pourrait déclencher un accouchement prématuré. Si la nature a décidé que la gestation est de 9 mois, c'est qu'il faut 9 mois à votre bébé pour une maturation complète de ses organes. Plus il naîtra tardivement et plus il aura de chances de son côté pour réussir une bonne entrée dans la vie.

Vous vous essoufflez facilement. L'utérus, en grossissant, compresse le diaphragme et réduit le volume de la cage thoracique.

CONSEIL

Contractions

Si, à ce stade de votre grossesse, vous ressentez des contractions (une raideur ou une tension qui part du sommet de l'utérus puis s'étend vers le bas et se relâche), ne vous affolez pas tant qu'elles ne sont pas régulières. Elles ne signalent pas forcément le début du travail de l'accouchement. Prévenez néanmoins votre médecin.

Ayez en permanence dans votre sac à main votre carte de groupe sanguin, votre guide de surveillance médicale, votre carte Vitale, votre livret de famille (si vous en avez un).

• **Faites vos exercices**
  • de relaxation,
  • de respiration,
  • et d'assouplissement du périnée.

• **Terminez de préparer la chambre de bébé.**

Il est préférable qu'il ne dorme pas dans votre chambre mais dans la sienne. Si vous êtes angoissée à la pensée de ne pas l'entendre, pendant quelque temps mettez son berceau tout à côté de votre chambre et laissez la porte ouverte.

Sachez qu'il existe des babyphones, petits interphones qui vous permettront d'entendre votre bébé où que vous soyez dans la maison.

• **Préparez votre valise.**

Certes, à l'hôpital, les vêtements de l'enfant peuvent être fournis, mais vous pouvez aussi apporter les vôtres.

Dans tous les cas, on vous fournira à la maternité une liste du nécessaire à apporter pour vous et pour votre bébé.

Pour vous, prévoyez des chaussons, une robe de chambre, des mouchoirs, une trousse de toilette, des gants et des serviettes, des chemises de nuit, des culottes jetables, des soutiens-gorge et coussinets d'allaitement.

Emportez aussi de quoi lire et écrire.

N'oubliez pas votre dossier médical et votre dossier administratif.

Le retour à la maison avec le bébé n'est pas toujours facile et il est préférable d'avoir prévu une bonne organisation.

• Pensez à organiser, si besoin, la garde de vos autres enfants pendant votre séjour à la maternité ;

• N'hésitez pas à vous faire aider pendant les premiers jours de votre retour de la maternité.

Si le papa n'est pas disponible, si vous n'avez ni mère ni belle-mère près de vous, vous pouvez vous adresser à votre mairie qui vous indiquera une aide familiale.

Au retour de la maternité, vous devrez vous reposer et avoir du temps pour suivre les cours de gymnastique ou de rééducation du périnée.

Pour cela, vous devez être déchargée de temps en temps de la garde de votre bébé.

Vous pourrez trouver sur Internet des listes d'associations d'aide familiale.

Vos obligations du 8ᵉ mois
La 6ᵉ visite médicale obligatoire

Elle doit avoir lieu impérativement au cours des 2 premières semaines du 8ᵉ mois.

Comme la visite précédente, elle a pour but :
- de contrôler si la croissance du bébé est normale, si le col est encore correctement fermé et si la santé de la mère est satisfaisante ;
- d'apprécier si la présentation est bonne, car le bébé a maintenant pris sa position presque définitive ;
- de juger, au cours de l'examen obstétrical, de la forme et des dimensions du bassin.

Les raisons de faire une 3ᵉ échographie

La meilleure date pour faire la 3ᵉ échographie se situe entre la 30ᵉ et la 32ᵉ semaine de grossesse.

Cette 3ᵉ échographie a sa raison d'être dans le cas où :
- on craint un retard du développement. Par exemple, quand la mère a contracté une maladie infectieuse. On vérifie alors la taille du bébé, ses mouvements cardiaques et ses mouvements réflexes au bruit et à la lumière ;
- on soupçonne une anomalie curable. L'échographie permet de voir et ensuite d'agir vite, dès la naissance. C'est le cas pour la sténose du pylore ou une malformation cardiaque par exemple ;
- le placenta est situé très près de l'orifice interne du col. Dans ce cas, on mesure la distance définitive qui les sépare. Certains placentas *praevia* descendent très bas, jusqu'à recouvrir l'orifice interne du col de l'utérus, obligeant à procéder le moment venu à une césarienne ;
- on craint une mauvaise présentation. Le bébé à naître amorce sa descente vers l'entrée du bassin maternel aux alentours de la 31ᵉ semaine d'aménorrhée dans le cas d'une première grossesse. Il est en place définitive aux alentours de la 34ᵉ semaine. Chez les multipares, le positionnement du bébé peut avoir lieu plus près du terme.

À SAVOIR
Mesure du BIP
En vue de l'accouchement, on mesure par échographie le BIP, ou bipariétal, c'est-à-dire le diamètre de la tête du bébé. On mesure aussi son diamètre abdominal, au niveau de l'ombilic. Ces deux mesures doivent être en harmonie.

À SAVOIR
Opéré *in utero*
Certaines anomalies fœtales peuvent aujourd'hui être opérées *in utero*. C'est l'échographie qui guidera la main du chirurgien.

L'examen médical permet de poser un pronostic sur la manière dont va se dérouler l'accouchement. Le médecin examine la taille de l'utérus, écoute les battements du cœur du bébé et examine le col de l'utérus.

À ce stade, des rapports sexuels trop violents peuvent déclencher des contractions et donc l'accouchement.

La présentation

La présentation est la façon dont le bébé se place dans l'utérus vers la fin du 7ᵉ mois. Elle est désormais pratiquement définitive et son diagnostic est fait vers 7 mois 1/2-8 mois.

Elle est appréciée par palpation de l'abdomen et, s'il y a un doute, par confirmation échographique ou radiographique.

Il est essentiel que la présentation soit verticale pour le déroulement normal de l'accouchement. Cette présentation verticale peut être tête en bas, le cas de loin le plus fréquent, ou tête en haut.

La présentation céphalique

L'enfant qui occupe tout l'espace de son habitacle s'adapte au mieux à la forme de celui-ci. C'est pourquoi, dans 95 % des cas, il place la partie la plus volumineuse de son corps dans la zone de l'utérus la plus large. Il se retrouve donc la tête en bas avec le dos le plus souvent orienté à gauche.

La présentation du sommet

C'est la présentation la plus fréquente. C'est le sommet du crâne qui se présente à l'entrée du bassin. La tête s'engagera dans le bassin, au moment de l'accouchement, le menton sur le thorax.

La présentation de la face

Dans ce cas, la tête est complètement rejetée en arrière. L'accouchement est souvent difficile et peut nécessiter une césarienne.

La présentation du front

La césarienne est ici obligatoire car la tête de l'enfant se présente dans son plus grand diamètre et rend l'accouchement impossible.

La présentation du siège

L'enfant est en position verticale mais dans le mauvais sens : il présente les fesses au lieu de la tête. Cette disposition peut être due à un utérus trop petit ou mal formé.

Au moment de l'accouchement, l'expulsion peut être difficile et nécessiter une anesthésie générale.

La présentation transverse

L'enfant est placé en travers de l'entrée du bassin. Il en ferme le passage avec son dos. C'est alors l'épaule qui se présente en premier. Une césarienne est nécessaire.

LES DIFFÉRENTES PRÉSENTATIONS

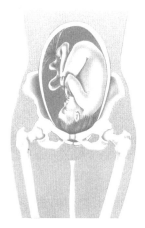

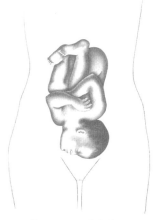

Présentation du sommet
(95 % des cas)

Présentation de la face

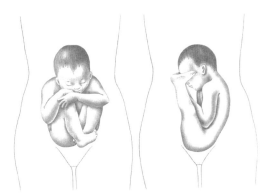

Présentation du siège

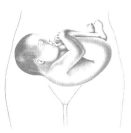

Présentation transverse

CONSEILS

Votre valise pour l'accouchement:
- un tee-shirt ample dans lequel vous êtes à l'aise ;
- des chaussettes.

Pour le séjour :
- 2 chemises de nuit courtes qui s'ouvrent facilement devant, surtout si vous allaitez ;
- une robe de chambre et des pantoufles ;
- 2 soutiens-gorge qui s'ouvrent devant si vous allaitez ;
- des serviettes hygiéniques et des culottes ;
- du linge et votre nécessaire de toilette.

La valise de votre bébé
Lors des cours de préparation à la naissance, la sage-femme vous dira ce qu'il faut emporter pour bébé. Dans une clinique privée, prévoyez :
- 4 pyjamas ;
- 4 chemises en coton ;
- 4 grenouillères en tissu-éponge ;
- 4 paires de chaussettes ou de chaussons ;
- 1 rouleau de filet élastique, acheté en pharmacie, pour le nombril ;
- 1 bonnet et une tenue complète pour la sortie.

Une précaution utile : préparez votre valise et celle de votre bébé

Vous n'êtes plus tellement loin du terme et votre bébé peut arriver à tout moment. Aussi vaut-il mieux prévoir un départ anticipé à la maternité et tout préparer à l'avance.

Surtout, n'oubliez pas vos papiers.

Pour cela, rassemblez-les dans une grande enveloppe pour être sûre d'avoir tout sous la main :
- livret de famille et pièce d'identité,
- carte de groupe sanguin,
- derniers résultats d'analyses,
- votre fiche d'inscription à la maternité avec le reçu de la somme déjà versée au moment de l'inscription, s'il s'agit d'une clinique agréée.

Si vous accouchez dans un hôpital

Vous n'avez théoriquement besoin de rien puisque tout le linge vous est fourni, pour vous et votre bébé. Vous pouvez donc vous contenter d'apporter votre nécessaire de toilette, c'est-à-dire vos objets personnels, sans oublier naturellement robe de chambre et pantoufles.

Toutefois, ce sera plus agréable pour vous de recevoir votre famille et vos amis avec une jolie chemise de nuit.

Tout comme on ne vous empêchera pas de mettre à votre bébé la petite grenouillère que vous aurez apportée pour lui.

À l'hôpital, le séjour est de 3 jours pour un accouchement sans problèmes et de 5 jours pour une césarienne.

Si vous accouchez dans une clinique privée

Vous devez apporter votre linge et celui de votre bébé (voir les encadrés ci-contre).

Renseignez-vous quant aux couches : la maternité les fournit-elle ou non ? De même pour les serviettes hygiéniques dont vous aurez nécessairement besoin.

Dans une clinique, le séjour est souvent plus long de 1 à 2 jours qu'à l'hôpital : cela permet de vous aider à commencer au mieux l'allaitement de votre bébé et de voir si tout va bien.

LE 8ᴱ MOIS DE VOTRE GROSSESSE

Âge de la grossesse	31ᵉ semaine	32ᵉ semaine	33ᵉ semaine	34ᵉ semaine
OBSERVATIONS GÉNÉRALES		Votre bébé consomme énormément de calcium et de fer. Si votre alimentation est trop pauvre, ce sera à votre détriment.	Du fait de son accroissement, votre utérus pèse 1 kg de plus qu'avant votre grossesse.	
SYMPTÔMES POSSIBLES	Gêne de l'utérus en position assise.			Vous pouvez avoir quelques contractions utérines. Pas d'affolement.
PRÉCAUTIONS À PRENDRE		Pour la sauvegarde de vos dents, consommez quotidiennement lait et fromages riches en calcium.		
EXAMENS	3ᵉ échographie si elle n'a pas eu lieu à la 30ᵉ semaine.	Si besoin est : mesures exactes du bassin osseux par radiopelvimétrie.	Amnioscopie en cas de suspicion de souffrance fœtale (maladie infectieuse de la mère).	
DÉMARCHES		6ᵉ visite médicale obligatoire. Envoyer à la Sécurité sociale une attestation d'arrêt de travail remplie et signée par votre employeur.	Renseignements sur les aides financières auprès de votre caisse de Sécurité sociale et de la Caisse d'allocations familiales (voir Annexes).	

Neuvième mois

Ça y est, c'est bientôt la fin de votre long parcours ! Vous n'êtes pas la seule à vouloir que cette gestation se termine : votre bébé aussi ! Il a hâte de sortir de son habitacle de plus en plus étroit pour voir enfin ce monde qui l'entoure et dont il entend les bruits.

Il est surtout pressé de vous rencontrer. Il connaît votre voix, le bruit de votre cœur ; il sait si vous dormez, mangez ou marchez. Il aime d'ailleurs beaucoup quand vous marchez. C'est pour lui un réel plaisir car il est bercé au rythme de vos pas. Un plaisir qu'il réclamera à grands cris quand il sera né !

Vous vivez ensemble depuis bientôt 9 mois et enfin, vous allez vous découvrir. Vous vous aimez déjà mais ce n'est que le début.

> Du début de la 37e semaine depuis le 1er jour des dernières règles à la fin de la 41e semaine.

> Du début de la 35e semaine de grossesse à la fin de la 39e semaine de grossesse.

L'évolution de votre bébé

Votre bébé n'a plus l'espace nécessaire pour remuer beaucoup. Malgré tout, il donne encore de petits coups de pied, de coude ou de tête pour vous montrer qu'il est toujours là. Il se tient la tête en bas, les bras croisés sur la poitrine, les jambes relevées et pliées pour tenir le moins de place possible. Finalement, il va être très content de sortir pour se dégourdir un peu !

9ᴱ MOIS

Le 9ᵉ mois correspond à une période qui va :
• du début de la 37ᵉ semaine depuis le 1ᵉʳ jour de vos dernières régles jusqu'à la fin de la 41ᵉ semaine.
• du début de la 35ᵉ semaine de grossesse, à la fin de la 39ᵉ semaine de grossesse.

À SAVOIR

La poche des eaux
Le liquide amniotique se trouve à l'intérieur de 2 sacs : un sac externe, le chorion, qui entoure le sac interne, l'amnios. Ces deux sacs sont si étroitement accolés qu'ils donnent l'apparence de n'être qu'un seul. Ils forment ce que l'on appelle les membranes. Le tout forme la poche des eaux. Le placenta a un diamètre de 20 cm et une épaisseur de 3 cm. Il pèse environ 500 g.

Les dernières étapes de sa maturation

Votre bébé excrète environ 25 à 30 millilitres d'urine par heure, soit 2 cuillerées à soupe. Cette urine est rejetée dans le liquide amniotique dans lequel il baigne.

Quand les membranes sont rompues, habituellement pendant le travail de l'accouchement, le liquide s'écoule par le col en cours de dilatation et le vagin. Il sert alors de lubrifiant pour le passage de l'enfant.

La peau de votre bébé n'est pratiquement plus ridée car la graisse s'est beaucoup épaissie sur toute la surface du corps. Votre bébé est maintenant bien dodu. Le lanugo qui recouvrait l'ensemble de son corps est tombé tandis que le vernix qui tapissait la peau en une couche épaisse s'est en partie détaché et flotte sous forme de gros flocons dans le liquide amniotique.

Par rapport à ses organes, le moins développé à la naissance est le cerveau. Il va poursuivre lentement sa maturation biologique jusqu'à ce que l'enfant ait atteint l'âge de 18-20 ans.

Le cerveau

À la naissance, le cerveau est une puissance potentielle. Sa destinée est de s'autoconstruire à partir des expériences de la vie. Il va donc poursuivre son développement en accroissant et en compliquant ses connexions nerveuses.

Sous l'influence de stimulations motrices, sensorielles, affectives et psychosociales, les cellules cérébrales nobles que sont les neurones vont développer, en réponse à ces stimulations, des dendrites en nombre considérable : plusieurs milliers par cellule. Elles vont se rejoindre de cellule à cellule et établir ainsi d'innombrables connexions comme autant de circuits électriques qui permettent la transmission et la circulation de l'influx nerveux. Les montages et les circuits se construisent comme ceux d'un ordinateur, au fur et à mesure de la perception des informations. Cela aboutit à un type de câblage qui sera différent pour chaque individu, donc à des facultés d'adaptation et de compréhension propres à chacun, aboutissant à l'élaboration de la pensée individuelle.

Les changements à la naissance

Dès sa naissance, un certain nombre de changements vont intervenir dans le fonctionnement des organes de votre bébé.

Tout d'abord, sa circulation sanguine va se modifier. Une fois le cordon ombilical coupé, le bébé est autonome. Il va devoir assumer tout seul ses fonctions de nutrition et d'oxygénation. Son sang, chargé de gaz carbonique résultant du métabolisme de ses cellules, ne va plus s'en débarrasser dans le sang de sa mère mais au contact de ses propres alvéoles pulmonaires. De même, l'oxygène ne lui est plus fourni par le sang de sa mère mais par l'air qu'il respire. Un circuit cœur-poumons s'établit donc.

L'arbre pulmonaire va subir, après la naissance, 6 nouvelles divisions avant d'atteindre sa forme définitive. Lors des premières inspirations d'air qui ont lieu au moment de la naissance, le liquide amniotique qui le remplit se résorbe rapidement tandis que l'extrémité des bronches se déploie pour former les alvéoles pulmonaires. Toutes les alvéoles sont dilatées vers le 3e jour qui suit la naissance.

Le foie abandonne définitivement le pouvoir qu'il avait de fabriquer les globules rouges et blancs du sang. C'est désormais la moelle qui assure cette fonction.

La majorité des bébés (97 %) se présentent avec la tête en bas, condition idéale pour un accouchement normal.

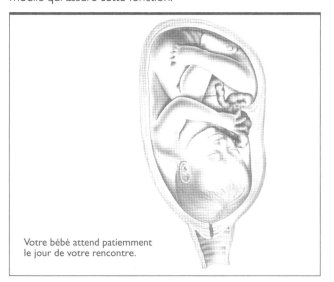

Votre bébé attend patiemment le jour de votre rencontre.

LE 9ᴱ MOIS DE VOTRE BÉBÉ

Âge de votre bébé	35ᵉ semaine	36ᵉ semaine	37ᵉ semaine	38ᵉ semaine
SA TAILLE	30 cm de la tête au coccyx. 45 cm de la tête aux talons.	32 cm de la tête au coccyx. 46,5 cm de la tête aux talons.	33 cm de la tête au coccyx. 48 cm de la tête aux talons.	50 cm de la tête aux talons.
SON POIDS	2 kg 400	2 kg 650	2 kg 900	3 kg 300
SON DÉVELOPPEMENT	Votre bébé commence à se défriper par accumulation de graisse sous la peau. Le lanugo tend à disparaître. Descente du bébé dans le bassin.	Le lanugo a disparu.	Le vernix qui recouvre la peau se détache en partie. Votre bébé bouge peu car il manque d'espace. Il se tient la tête en bas, les bras repliés sur la poitrine. Il vous donne encore de petits coups de tête, de coude ou de pied pour vous montrer qu'il est toujours là.	Dès sa naissance le bébé est une personne autonome. La circulation sanguine va changer : un circuit cœur-poumons va s'établir. Le foie ne fabrique plus de globules rouges. C'est la moelle osseuse qui s'en charge. Les alvéoles pulmonaires se déploient à la naissance.
OBSERVATIONS GÉNÉRALES	Le placenta a un diamètre de 20 cm et une épaisseur de 3 cm. Il pèse environ 500 g.			

Votre évolution

Depuis quelque temps déjà, vous ressentez, dans le bas du ventre, un poids, des tiraillements et des douleurs diffuses. Ces dernières sont dues au relâchement des articulations du bassin qui commencent à s'écarter un peu en vue du passage du bébé. Les ligaments sollicités sont alors douloureux.

Bébé pèse de plus en plus

Le poids qui appuie parfois fortement dans le bas-ventre est celui du bébé qui a commencé à descendre dans le bassin. Cet engagement a lieu généralement dans les semaines qui précèdent l'accouchement, notamment pour un premier enfant. Il peut avoir lieu seulement quelques jours ou parfois quelques heures avant le début des contractions.

Depuis que vous êtes enceinte, vous voyez le monde sous un angle différent ! En effet, l'augmentation importante du poids sur le devant de votre corps est compensée par un accroissement de la courbure de la colonne vertébrale et par un déplacement des épaules vers l'arrière. Cela a pour effet de rejeter la tête en arrière, ce qui, par conséquent, change la ligne de vision. Voilà l'explication de vos maladresses !

Vos obligations du 9ᵉ mois : le dernier examen prénatal obligatoire

Cette dernière visite médicale obligatoire comporte

1) un examen obstétrical

Il permet de :

• constater par l'appréciation du volume de l'utérus si l'enfant continue de se développer normalement ;

• prévoir la manière dont se déroulera l'accouchement. On observe le positionnement du corps de l'enfant. On peut savoir ainsi s'il se présente bien par la tête ou s'il faut s'attendre à quelque difficulté. On mesure également le bassin maternel, qui s'est sensiblement élargi au cours des derniers mois. Il atteint seulement maintenant ses dimensions définitives.

Suivant ses observations, le médecin peut demander une radiopelvimétrie. La radiopelvimétrie ne nécessite aucune préparation particulière. Elle peut être réalisée par la radiologie classique ou le scanner.

CONSEILS

Prématurés

Plus de la moitié des accouchements prématurés ont lieu vers la 35ᵉ semaine de grossesse, sans raison précise. À ce stade de la grossesse, un enfant né prématurément a 99 % de chances de survie. Parmi les autres, le problème n'est pas tant d'être né trop tôt, mais la raison qui les a fait naître trop tôt.

À SAVOIR

Décerclage

Si l'on vous a fait un cerclage du col de l'utérus, c'est maintenant, vers la 37ᵉ semaine de grossesse, que l'on va vous décercler. Généralement, le décerclage entraîne des contractions qui déclenchent l'accouchement. Mieux vaut vous tenir prête.

À SAVOIR
Radiopelvimétrie
La radiopelvimétrie est
un examen d'une innocuité
totale qui concerne 3 à
4 % des futures mères
aujourd'hui.

Elle est demandée par
le médecin dans le cas :
• d'un doute sur la
présentation de l'enfant ;
• d'un bassin trop étroit
de la future mère ;
• d'un bassin ayant subi
un traumatisme grave au
cours d'un accident.
Cet examen permet de
mesurer, au millimètre près,
les dimensions du bassin
de la mère et de les
comparer avec celle du tour
de tête du bébé, calculée
par échographie.

À SAVOIR
La présence du père
Il est essentiel pour
l'harmonie future du couple
qu'il n'y ait ni frustrations ni
obligations pour l'un ou pour
l'autre. La future mère doit
comprendre les réticences
du futur père à assister à
l'accouchement, tout
comme il doit comprendre
qu'elle a besoin d'un environnement psychologique affectif
et sécurisant dans ce moment
de stress intense pour elle.

Demandez au futur
papa de vous
accompagner dans
les mouvements de
respiration.

Si l'examen révèle que votre bassin est trop étroit pour accoucher par voie basse, votre médecin sera amené à pratiquer une
césarienne.
S'il estime que votre bébé a une petite chance de naître par
les voies naturelles, il la lui laissera. C'est ce que l'on appelle
l'« épreuve du travail ». Mais tout sera prêt pour intervenir et faire
la césarienne si besoin est.

2) des examens de surveillance générale
Il s'agit du contrôle du poids de la mère et de sa pression artérielle.
Une analyse d'urine sera effectuée chaque semaine afin de dépister toute éventualité de toxémie gravidique.

La présence du père à l'accouchement

Si certaines femmes n'imaginent pas mettre leur enfant au monde
sans la présence du père, d'autres se trouvent au contraire partagées entre deux sentiments : avoir quelqu'un près d'elles pour
les soutenir mais aussi être seules pour vivre leur accouchement
sans contraintes. Crier si elles en ont envie, ne pas être contrac-
tées par l'angoisse de ne pas être à la hauteur ou la peur de montrer d'elles une image qu'elles estiment peu flatteuse.
Si, pour certains pères, leur présence près de leur femme qui
accouche est tout à fait naturelle, pour d'autres, il s'agit plutôt d'un
devoir, d'une contrainte imposée par la pression sociale du
moment et par l'entourage. Mal à l'aise et gauches, impression-
nés par une situation trop riche en émotions, ils se sentent inutiles et n'apportent pas une grande aide à leur femme.
Il y a donc matière à réfléchir sur la présence du père à l'accouchement.
Dans un climat de respect réciproque, une décision satisfaisante
pour l'un et pour l'autre peut être prise. Chacun saura à l'avance
ce qu'il peut attendre de l'autre et quelles seront les limites.
Il faut que la mère prenne bien conscience que la présence du
père n'est pas un acte anodin et qu'elle peut avoir des ramifications psychologiques et affectives profondes pouvant avoir un
retentissement sur leurs futures relations sexuelles.
La présence du père à l'accouchement doit donc être entièrement consentie et souhaitée par lui, comme revient à la mère
seule de décider du mode d'allaitement de son enfant.
Pour que le père vive bien cet instant, il ne doit à aucun moment
se sentir un témoin gênant et gêné. Aussi, ne faut-il lui demander plus qu'il ne peut donner.

Il peut éventuellement assister sa femme uniquement pendant le travail de la dilatation. C'est déjà environ 7 heures pour une primipare, qu'il passera auprès d'elle à lui tenir compagnie, à lui parler pour éviter qu'elle ne s'angoisse. En attendant les passages de la sage-femme qui vient voir seulement de temps en temps comment avance le travail, le père pourra aider sa femme en suivant le tracé des contractions sur le monitoring. Il lui annoncera la fin de la contraction afin qu'elle sache qu'une phase de repos est là, toute proche. En revanche, il évitera de lui annoncer l'approche de la contraction suivante, car elle aurait pour réflexe immédiat de se crisper, ce qui est contraire à la relaxation préconisée. S'il a suivi les cours d'accouchement sans douleur, il peut également aider sa femme à respirer au moment des contractions.

Lorsque la dilatation est terminée et que la mère est installée sur la table d'accouchement, le père peut ne pas avoir particulièrement envie d'assister à la phase finale. La mère ne doit pas insister pour qu'il regarde naître son enfant. Voir sa femme en train de souffrir, voir du sang, c'est autre chose que de regarder un documentaire sur la naissance. Cette vision peut le traumatiser plus profondément qu'on ne le pense. Aussi, quand arrive le moment de l'expulsion, il doit être libre d'aller dans le couloir où on ira le chercher dès la sortie de l'enfant qu'il accueillera.

S'il veut continuer à soutenir sa femme et entendre le premier cri de son enfant sans pour autant tout voir, il restera dans ce cas sur le côté, près de la tête de sa femme, à qui il parlera doucement. Il pourra se rendre utile en lui passant, à sa demande, le masque à oxygène ou en l'aidant dans la mise en pratique de ses exercices de respiration. Le père joue ainsi son rôle de soutien auprès de la mère qui se sent en confiance.

La médecine contre la douleur

Accoucher sans douleur, est-ce possible ? *A priori* non, sauf dans quelques cas exceptionnels. Généralement la douleur est tout à fait supportable sauf pour 25 % des femmes qui la trouvent intolérable. Cela dépend beaucoup de l'état psychologique de la future mère au moment de l'accouchement.

Si vous arrivez confiante en vous et en la préparation que vous avez suivie, vous possédez quelques techniques qui vous rassurent en vous donnant l'impression de pouvoir faire face à la situation. Et c'est vrai. Pour un accouchement normal, où tout se déroule sans problèmes, ce qui est la majorité des cas, les techniques de respiration et de relaxation bien menées vous aident efficacement tout au long du travail.

À SAVOIR

La douleur

L'appréciation de l'intensité de la douleur revient à la femme et à elle seule. La capacité à supporter la douleur n'étant pas la même pour toutes, une thérapeutique analgésique doit pouvoir être envisagée quand la femme en exprime le besoin.

La douleur se fait sentir quand l'utérus se contracte pour dilater le col et cesse pendant le relâchement de la contraction.

À SAVOIR

Acupuncture

L'acupuncture reste une méthode marginale. Son intérêt réside dans le fait qu'elle ne nécessite pas la présence d'un anesthésiste et qu'elle peut être pratiquée par une sage-femme spécialement formée.

Elle permet :
• de déclencher l'accouchement ;
• de soulager la douleur, en particulier les douleurs lombaires de ce que l'on appelle « l'accouchement par les reins » ;
• de diminuer les doses de médicaments associés lors d'une complication.

À SAVOIR

Soulager la douleur

Il existe d'autres méthodes de soulagement de la douleur pendant l'accouchement, dont la base est une relaxation maximale liée à une décontraction musculaire. Il s'agit de la sophrologie ou encore de l'haptonomie, technique manuelle qui semble faciliter la descente et l'engagement de l'enfant ainsi que le relâchement musculaire de la mère. Il faut avoir suivi les cours de préparation (voir page 121).

À SAVOIR

L'accouchement médicalisé

La surveillance médicale accrue depuis ces vingt dernières années concerne non seulement la grossesse mais également l'accouchement. Accoucher n'est plus une entreprise périlleuse. À chaque étape, la technologie est là pour informer et la compétence médicale pour décider.

La douleur n'est plus une obligation à l'enfantement.

À l'inverse, une femme mal préparée et surtout trop anxieuse pour prendre un peu de recul par rapport à l'événement qu'elle vit n'arrive pas à contrôler sa douleur. Elle la vit si intensément qu'elle la crée elle-même. Et cela n'est pas purement suggestif comme on pourrait le croire mais un phénomène tout à fait physiologique. Sous l'effet de la douleur, le cerveau sécrète en effet des substances proches de la morphine qui ont pour rôle de l'atténuer. Ce sont les endorphines. Or, sous l'effet d'un stress comme l'angoisse ou la peur, les glandes surrénales sécrètent de l'adrénaline, qui inhibe la production des endorphines. Le résultat est une perception de la douleur aiguisée, jointe à une accélération des rythmes cardiaque et respiratoire, ainsi qu'une augmentation de la tension artérielle. La conséquence est que le muscle utérin, d'une part stimulé par l'ocytocine et d'autre part freiné par l'adrénaline, travaille de façon incohérente, sans efficacité. Il se charge de toxines résultant de la fatigue musculaire engendrée par les contractions et devient, de ce fait, de plus en plus douloureux. Le travail traîne en longueur, la dilatation se ralentit, parfois même s'arrête complètement. La douleur devient insupportable.

La tendance actuelle du milieu médical est de ne plus considérer la douleur comme nécessaire à l'enfantement. Il propose volontiers des solutions médicales à la douleur, comme la péridurale. Cependant, beaucoup de femmes préfèrent encore vivre pleinement leur accouchement – sorte de défi lancé à elles-mêmes, expérience physique et émotionnelle. Elles veulent repousser leurs propres limites et, surtout, aller jusqu'au bout de leur expérience. Elles se sentent néanmoins sécurisées par le fait de savoir qu'en dernière extrémité, si la douleur devient trop forte, une médication pourra être donnée ou la péridurale être pratiquée tout en sachant qu'elle ne fera effet que 10 à 20 minutes plus tard. Cette confiance dans le déroulement de l'action permet à la femme qui accouche d'être plus détendue et par là même de mieux supporter la douleur. La péridurale devient alors superflue.

L'accouchement sous anesthésie

La suppression ou du moins l'atténuation de la douleur relève de techniques maintenant bien contrôlées. Mais il faut néanmoins savoir que, quelle que soit la méthode employée, elle ne peut être envisagée dès le commencement du travail.

L'anesthésie générale

Elle est pratiquée quand la future mère souffre trop et que son état d'épuisement ou de panique compromet la bonne venue de l'enfant. Elle ne dépasse pas généralement une heure. Par conséquent, elle est commencée seulement lorsque la dilatation du col est déjà bien avancée, c'est-à-dire en fin d'accouchement, quand les contractions sont trop fortes et surtout dans le cas de difficultés à sortir l'enfant.

L'anesthésie générale est beaucoup moins utilisée depuis que la péridurale a pris le relais. On la pratique désormais quand celle-ci ne peut avoir lieu pour diverses raisons :
• il y a urgence à pratiquer une césarienne ;
• il est nécessaire d'utiliser les forceps dans certaines conditions au moment de l'expulsion ;
• le placenta doit être décollé manuellement s'il ne l'a pas été naturellement ;
• la femme présente un empêchement physique – une malformation de la colonne vertébrale par exemple.

L'anesthésie péridurale

La péridurale est pratiquée à présent de façon courante. Elle évite l'anesthésie générale dans tous les cas où celle-ci était pratiquée: forceps et même césarienne. La césarienne sous péridurale permet à la mère d'assister à la naissance de son enfant, d'entendre son premier cri et de le toucher. Les suites d'une césarienne sous péridurale sont moins pénibles que sous anesthésie générale car il n'y a pas les inconvénients du réveil.
L'anesthésie péridurale présente l'énorme avantage sur l'anesthésie générale d'insensibiliser seulement la partie inférieure du corps tout en laissant la conscience en éveil. Selon le dosage, on perçoit encore des sensations ou plus rien du tout.

On l'administre :
• pour les accouchements trop longs et trop douloureux ;
• quand la dilatation n'avance pas. Par son effet antispasmodique sur le col, elle le rend plus souple et accélère ainsi la dilatation. Enfin, elle permet dans certains cas de faire accoucher normalement des femmes à risques, diabétiques ou cardiaques, qui auraient dû subir une césarienne.

La péridurale est pratiquée quand la dilatation du col est déjà avancée, autour de 3 cm environ. L'anesthésiste injecte entre la 3e et la 4e vertèbre lombaire un produit anesthésique qui agit sur les nerfs qui partent de la moelle épinière. Un cathéter, fin tube en plastique, est laissé en place pour une éventuelle réinjection. En effet, la première dose est faible pour ne pas insensibiliser complètement le petit bassin et ne pas frustrer la mère de toutes les

L'anesthésie péridurale est remboursée par la Sécurité sociale. 80 à 90 % des futures mamans la demandent.

À SAVOIR
Le départ pour la maternité

Votre départ à la maternité va être conditionné par deux événements principaux, pouvant survenir ensemble ou séparément : l'apparition de contractions régulières et la perte des eaux.
Si vous êtes seule, prenez un taxi ou une ambulance pour vous conduire à la maternité. Pensez à demander une facture pour vous faire rembourser par la Sécurité sociale. En cas d'extrême urgence, appelez le SAMU ou les pompiers qui vous transporteront.

À SAVOIR
L'utérus s'ouvre

L'utérus est un muscle constitué de plusieurs types de fibres qui, en se contractant, vont jouer un rôle précis au cours de l'accouchement.
Les contractions vont entraîner l'effacement du col et la descente de l'enfant vers la partie inférieure de l'utérus ; elles ouvrent ainsi le passage de l'utérus vers le monde extérieur.

Si vous perdez les eaux, rendez-vous sans délai à la maternité.
Évitez de manger pour le cas où vous auriez besoin d'une anesthésie.

sensations, pour ne pas lui « voler », en quelque sorte, son accouchement.
La péridurale nécessite la présence d'un anesthésiste en permanence. Aussi devez-vous poser la question lorsque vous vous inscrivez dans une maternité : pratique-t-on la péridurale de façon courante ou pas ?

La péridurale présente quelques inconvénients, peu nombreux en regard de ce qu'elle apporte :
• elle augmente le nombre des forceps chez les femmes primipares. Du fait de l'insensibilisation du petit bassin, l'envie de pousser est diminuée ;
• des douleurs lombaires peuvent se faire sentir 24 à 36 heures après ;
• des maux de tête importants pendant les 2 à 3 jours qui suivent peuvent également se manifester.

Le jour de l'accouchement
Il se situe normalement à la fin de la 38e semaine de grossesse. C'est un jour extraordinaire : vous allez enfin faire la connaissance de votre bébé.

Les signes avant-coureurs
Vous allez savoir que vous êtes bientôt près de l'accouchement par différents petits signes qui vont se manifester quelques jours auparavant, voire la veille :
• la sensation d'une grande fatigue, d'un état nauséeux alors que jusqu'à présent, tout allait bien. Le responsable est le changement hormonal qui survient en fin de grossesse en vue du déclenchement de l'accouchement ;
• la perte du bouchon muqueux. L'expulsion de la glaire qui a bouché le col de l'utérus pendant tout le temps de la grossesse a lieu généralement au moment des contractions, quelquefois 3 jours avant l'accouchement ;
• une frénésie de rangement. Il se peut que vous vous surpreniez à faire le ménage à fond. Vous avez à cœur que tout soit impeccable, rangé, propre. Ce besoin que le nid soit prêt annonce l'imminence de l'arrivée du bébé.

Les contractions
Surtout s'il s'agit de votre premier enfant, quand vous commencez à ressentir des contractions de façon régulière, vous avez grandement le temps de vous rendre à la maternité puisque, entre les premières contractions et la dilatation complète du col, plusieurs heures vont s'écouler.

	CONTRACTION UTÉRINE	REPOS	DURÉE TOTALE
Début du travail	15 s	15 à 20 mn	Environ 7 à 8 h pour un 1er enfant
Dilatation à 1 cm	30 s	10 à 12 mn	
Dilatation à 5 cm	45 s	4 à 5 mn	
Expulsion	60 s	2 à 3 mn	Environ 30 mn

L'accouchement débute réellement à la perception de contractions douloureuses ressenties dans le ventre ou au niveau des reins. Posez la main sur votre ventre, vous le sentez durcir en même temps que vous ressentez la douleur. Si ces contractions ne cèdent pas à la prise d'analgésiques, c'est qu'il s'agit de vraies contractions annonçant le début du travail.

Vous sentez monter la contraction qui devient de plus en plus douloureuse au fur et à mesure que votre utérus se durcit. Elle atteint un sommet puis redescend. Vous n'avez alors plus mal. C'est le repos, avant qu'une autre contraction apparaisse.

Notez le temps de repos entre 2 contractions. Quand elles apparaîtront de façon régulière toutes les 10 minutes, vous pourrez partir pour la maternité. Dès cet instant, ne buvez pas et ne mangez plus rien car il vaut mieux avoir l'estomac vide pour le cas où une anesthésie serait nécessaire.

S'il s'agit de votre 2e et *a fortiori* de votre 3e enfant, partez à la maternité dès que les contractions deviennent régulières car la dilatation se fait généralement plus rapidement.

Le résultat des contractions
L'effacement du col
Les contractions exercent leur force du fond de l'utérus vers le col. À chaque contraction, les parois de l'utérus tirent le col vers le haut. Il se raccourcit ainsi progressivement jusqu'à disparaître complètement. Il finit par se confondre avec le reste de l'utérus.

Chez les primipares, la dilatation commence une fois le col effacé. Il peut mettre plusieurs heures à s'effacer.

Vous ressentez de plus en plus de contractions. Si vous n'avez pas perdu les eaux, prenez un bain ou une douche pour vous relaxer. Lorsque les contractions apparaissent toutes les 10 minutes, il est temps de partir à la maternité.

À SAVOIR

Respirez !

● **Quand la contraction arrive :**

concentrez-vous et respirez calmement en soufflant profondément et longuement le temps de la contraction.
Il faut qu'un maximum d'oxygène circule dans votre sang pour alimenter votre utérus qui travaille et votre bébé qui en consomme également beaucoup.

● **Quand la contraction est là :**

évitez de vous raidir.
Au contraire, décontractez-vous en relâchant tous vos muscles. Ils consommeront ainsi moins d'oxygène.
En restant détendue, vous n'opposez pas de résistance à la contraction et la dilatation se fait mieux.
Continuez à respirer et expirez lentement ou faites la respiration superficielle.
Votre diaphragme bouge très peu et n'appuie pas sur l'utérus, ce qui le gênerait dans sa contraction.

● **Quand la contraction est passée :**

faites une respiration complète et respirez normalement en attendant la contraction suivante,

La dilatation se fait en deux temps : la dilatation lente jusqu'à 6 cm d'ouverture du col et la dilatation rapide jusqu'à 10 cm.

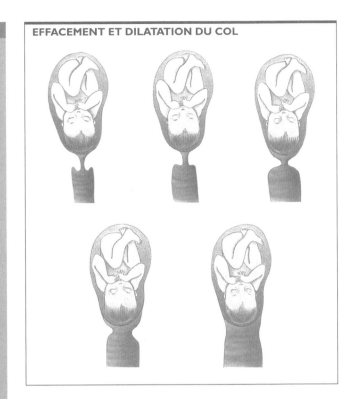

EFFACEMENT ET DILATATION DU COL

Chez les multipares, l'effacement et la dilatation ont lieu plus ou moins en même temps.

La dilatation du col

Toujours sous l'effet des contractions, le col s'ouvre peu à peu. La dilatation complète du col correspond à une ouverture de 10 cm de diamètre.
Le corps de l'utérus se trouve alors en continuité avec le vagin. L'enfant ne peut sortir de l'utérus tant que la dilatation du col est incomplète.
La mère sent la tête de l'enfant appuyer en bas de l'utérus et a tendance à vouloir pousser. Cela ne sert à rien. Il faut attendre que le médecin ou la sage-femme qui dirige l'accouchement le dise.

La poussée de l'enfant en avant

Les contractions agissent sur l'enfant en le poussant peu à peu en avant. Elles l'aident à se tourner légèrement pour s'orienter selon le meilleur axe de passage à travers le bassin.

Les causes du déclenchement des contractions

Des facteurs hormonaux

• Par sécrétion d'une hormone hypophysaire du bébé, le taux de progestérone de la mère, jusqu'alors très élevé, chute brutalement, entraînant la sécrétion par l'hypophyse de la mère d'une nouvelle hormone, l'ocytocine, dont la présence est essentielle pour l'accouchement puisqu'elle déclenche les contractions de l'utérus.

• Le taux de prostaglandines, hormones sécrétées par le muscle utérin lui-même, augmente, entraînant des contractions.

Des facteurs mécaniques

• La distension de l'utérus, à un certain moment, déclenche la sécrétion des prostaglandines.

• La tête de l'enfant engagée dans le bassin et qui, par la pression exercée, tire sur le col.

Par réflexe nerveux, dont le point de départ est le col, des contractions peuvent être amorcées et entretenues.

Il n'est d'ailleurs pas rare qu'un examen de fin de grossesse déclenche l'accouchement dans les 24 heures.

La perte des eaux

Votre bébé baigne dans le liquide amniotique, que l'on appelle les eaux, contenu dans les membranes qui constituent ainsi la poche des eaux.

Lorsque le col est effacé et le bouchon muqueux évacué, seules les membranes protègent l'enfant et ses annexes. À ce moment, les membranes peuvent se fissurer ou se rompre et le liquide s'écouler.

La perte des eaux est un signe de départ immédiat pour la maternité, même si vous n'avez pas de contractions, car une rupture prématurée de la poche des eaux peut entraîner :

• un risque d'infection de l'enfant et de ses annexes par les germes qui remontent du vagin ;

• le risque pour le cordon ombilical d'être entraîné vers le bas, ce qui va provoquer son dessèchement ou sa compression au moment de l'accouchement. C'est ce que l'on appelle la procidence du cordon.

Votre arrivée à la maternité

Sachez qu'à votre arrivée à la maternité, on ne se précipitera pas sur vous pour vous examiner. Rien ne presse. La première chose à laquelle vous avez à vous soumettre, ce sont les formalités administratives.

La perte des eaux est souvent un des premiers signes du début de l'accouchement, mais ce n'est pas systématique. Si la poche ne s'est toujours pas rompue alors que le col est dilaté à 7 ou 8 cm, la sage-femme ou le médecin incise les membranes qui contiennent les eaux.

À SAVOIR

Monitoring

Ce nom recouvre un appareillage de surveillance électronique du travail de l'accouchement.
Il permet de dépister à tout moment de l'accouchement une souffrance de l'enfant.
Le déroulement de l'accouchement est estimé d'après l'enregistrement des contractions tandis que la bonne santé du bébé est appréciée par celui des bruits de son cœur. Le rythme cardiaque du bébé est normalement de 120 à 160 battements par minute. Au cours des contractions, il s'accélère jusqu'à atteindre 180 battements.
Le monitoring permet de surveiller ces changements de 200 battements par minute ou s'il faiblit au point de n'en avoir plus que 60 à la minute, l'équipe médicale accélère l'accouchement.
Si la dilatation est complètement terminée, l'enfant sera aidé par les forceps pour naître plus rapidement.
Si la dilatation est incomplète et semble traîner en longueur, le médecin pratiquera une césarienne.

La dilatation dure en moyenne 7 à 8 h pour un premier enfant et 4 à 5 h pour un second.

Une fois celles-ci terminées, on s'occupe de vous sur le plan médical.

• On contrôle votre tension artérielle, votre température, vos urines.

• On mesure la dilatation du col. Si elle n'en est qu'à son début, on vous installe dans une chambre pour la durée de ce travail de dilatation.

• En général, on vous rase pour rendre visible et net le périnée et on vous fait un lavement car l'enfant ne peut sortir qu'une fois le rectum vidé. Si ce n'est pas prévu par la maternité, prévoyez de mettre un suppositoire de glycérine pour aller à la selle.

Naturellement vous êtes un peu angoissée. Vous commencez à ressentir les contractions plus fortement. Ne les contrariez pas par une inquiétude mal fondée. Détendez-vous, tout va bien se passer. L'accouchement est un acte naturel pour lequel vous avez la chance d'être assistée médicalement. Pensez à votre bébé dans vos bras. C'est pour bientôt.

La dilatation

C'est la partie la plus longue de l'accouchement. Elle dure en moyenne 7 à 8 heures pour un premier enfant et 4 à 5 heures pour un second. Ces chiffres sont des moyennes statistiques et votre cas peut être légèrement différent, mais quoi qu'il en soit, on ne laisse plus traîner en longueur les accouchements. On possède maintenant les moyens médicaux pour accélérer les choses.

Ce sont les 3 premiers centimètres de dilatation qui sont les plus longs à atteindre. Ils représentent près de la moitié de la durée totale de la dilatation. À partir de ces 3 cm, on accélère un peu le processus par des ocytociques ; ce sont des hormones de synthèse semblables aux hormones naturelles, qui accélèrent la dilatation quand les contractions sont inefficaces ou irrégulières en intensité et en durée.

C'est en général à ce moment de la dilatation que l'on vous met sous monitoring et sous perfusion.

La poche des eaux se rompt en général entre 2 et 5 cm de dilatation. Quelquefois, elle se rompt tout au début du travail, et quelquefois pas du tout. Dans ce dernier cas, le médecin attend une dilatation de 5 cm avec la tête du bébé bien engagée pour la percer avec une petite pince. C'est totalement indolore.

Pendant la dilatation, bien que vous soyez surveillée régulièrement, vous êtes seule la plupart du temps. Ne pensez pas que vous êtes délaissée, sachez que cette première étape de votre accouchement ne demande pas une présence constante de la part du corps médical.

Lorsque la sage-femme passera vous voir, elle constatera :
• l'efficacité des contractions et la bonne condition de l'enfant par l'observation des tracés du monitoring ;
• la progression de la dilatation du col par un toucher vaginal. C'est un moment éprouvant pour la future maman car à la douleur ressentie se greffe l'inquiétude de savoir si tout va bien se passer.
Le rôle du futur père est à ce moment-là très important, même s'il ne tient pas à assister à l'accouchement proprement dit. Il va pouvoir réconforter sa femme, l'aider à se souvenir de ses mouvements de respiration, lui tenir la main pendant qu'elle se repose entre deux contractions et l'apaiser par sa présence rassurante.

La position

Il n'y a pas de règle quant au choix de la position. C'est une question de confort personnel. Certaines femmes préfèrent rester allongées et sommeillent entre les contractions. D'autres préfèrent rester debout et marcher, du moins au début. C'est tout à fait possible, à condition que la poche des eaux ne soit pas rompue. Le choix de la position est cependant limité par la présence du monitoring (cf. encadré ci-contre).

L'expulsion

C'est la phase terminale de votre accouchement, la naissance de votre bébé. Elle dure environ 30 minutes pour un premier enfant, moins de 20 minutes pour un second.
Quand la dilatation est presque terminée, les contractions sont très fortes et très rapprochées : en moyenne 1 minute de contraction pour 2 minutes de repos. À ce moment, vous vous dirigez vers la salle d'accouchement et vous vous installez sur la table gynécologique, car la venue au monde de votre bébé ne saurait tarder. Vous allez être à présent très entourée par l'équipe médicale qui est là au grand complet.

Un obstacle à franchir : le bassin maternel

Le bassin osseux est le gros obstacle à franchir pour votre bébé. C'est un véritable tunnel au bout duquel se trouvent la lumière et la découverte de la vie dans un monde nouveau pour lui. Le bassin osseux est formé de 4 os : le sacrum situé en bas de la colonne vertébrale avec, à son extrémité, le coccyx et les os iliaques entourant, à droite et à gauche, la symphyse pubienne. Pendant tout le temps de la grossesse, l'enfant est situé au-dessus du bassin. C'est vers la fin du 7e mois, ou au cours du 8e, qu'il se présente, tête en bas, vers l'orifice d'entrée du bassin.

L'expulsion dure environ 30 mn pour un premier enfant, moins de 20 mn pour un second.

À SAVOIR

La position pendant l'expulsion

En France, les femmes accouchent sur une table gynécologique, couchées sur le dos, les jambes relevées dans des étriers. Cette position est commode pour le médecin ou la sage-femme qui voient parfaitement ce qui se passe et qui peuvent manœuvrer sans être gênés.

À SAVOIR

Le passage de la tête

La tête est la partie la plus volumineuse de l'enfant. Lorsqu'elle a franchi un obstacle, le reste du corps suit sans difficulté. Plusieurs éléments interviennent simultanément dans la traversée du bassin :
• la malléabilité du crâne du bébé dont les os ne sont pas encore complètement soudés et qui peut ainsi épouser la forme du passage ;
• le relâchement des articulations du bassin maternel ;
• les contractions de l'utérus qui poussent l'enfant en avant et lui font effectuer les 2 mouvements essentiels de la tête.

La tête de l'enfant s'adapte au passage dans le bassin de la mère, les os du crâne n'étant pas encore soudés.

LES POSITIONS DU BÉBÉ AU COURS DE LA NAISSANCE

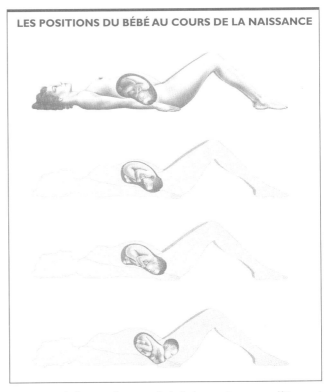

Au cours de l'accouchement, le bébé va entrer complètement dans le bassin par l'orifice d'entrée appelé détroit supérieur, le traverser et finalement en sortir par l'orifice de sortie appelé détroit inférieur :
De surcroît, le détroit inférieur est fermé par les muscles du périnée et la vulve.

Pour franchir ces différents obstacles, votre bébé devra effectuer différents mouvements afin de s'adapter, au cours de sa progression, à la forme du passage.
En même temps que la tête s'engage, fléchie sur la poitrine, dans le détroit supérieur, elle se tourne légèrement vers le côté droit ou gauche pour entrer plus facilement dans le bassin.
Ce premier détroit franchi, la tête du bébé descend ensuite doucement dans le bassin puis effectue une seconde rotation afin de se trouver au niveau d'ouverture maximum de l'orifice de sortie. Ce qui veut dire qu'au cours de la traversée du bassin, l'enfant change 2 fois l'orientation de sa tête.
Schématiquement, on peut dire qu'il entre dans le bassin en regardant une de ses épaules et qu'il en sort en regardant le sol.

Pendant l'expulsion

En fin de dilatation, la tête du bébé, qui vient de franchir l'orifice de sortie du bassin osseux, appuie sur les muscles du périnée, déclenchant un réflexe de poussée. L'envie de pousser est si intense qu'elle domine toutes les autres sensations, même la douleur des contractions.

À cette étape de votre accouchement, vous devrez suivre les indications du médecin ou de la sage-femme qui vous accouchent. S'ils vous disent de ne pas pousser malgré une impérieuse envie, c'est que le col n'est pas complètement dilaté et, dans ce cas, vous gêneriez le bébé dans sa progression.

Cette envie de pousser qui devient tout à fait irrépressible quand la tête du bébé appuie sur l'ensemble du vagin et du périnée est très difficile à contrôler. La respiration sera votre aide précieuse et un bon entraînement lors de la préparation à l'accouchement trouve ici toute sa justification.

Bien respirer

À l'arrivée de la contraction, inspirez longuement par le nez et soufflez très lentement par la bouche légèrement entrouverte. Quand la contraction commence : faites une respiration complète tout en relâchant bien le périnée.

Quand la contraction est là : inspirez par le nez, bouche fermée. Attendez d'entendre la sage-femme dire : « Poussez ! »

La poussée n'est pas douloureuse. C'est une force qui, avec l'aide de vos muscles abdominaux, sort votre enfant hors de vous. Pour vous aider, la respiration est là, encore, essentielle.

Bloquez votre respiration et poussez en contractant vos muscles abdominaux le plus longtemps possible. L'air des poumons appuie sur le diaphragme qui, lui-même, pousse en avant l'utérus.

Quand la contraction est passée : inspirez et expirez profondément. Entre deux contractions, vous relâcherez tous vos muscles et vous respirerez normalement.

Vous recommencerez à chaque contraction, tant que la sage-femme vous le dira. Elle vous guidera d'ailleurs tout du long et vous dira au fur et à mesure ce que vous devez faire.

Quand la tête sera à la vulve, la sage-femme vous demandera de ne plus pousser afin que le périnée et la vulve aient le temps de se détendre. Relâchez au maximum tous vos muscles abdominaux et votre périnée. Inspirez, soufflez lentement. La sage-femme va dégager lentement la tête de l'enfant qui apparaît afin d'éviter tout risque de déchirure.

Une fois la tête sortie, vous pousserez encore un peu à la demande de la sage-femme pour la sortie du corps tout entier. Puis vous vous reposerez.

La mère doit attendre que la tête de l'enfant soit passée dans le vagin pour pousser. Ce sont les contractions qui poussent l'enfant vers l'extérieur.

À SAVOIR
Accoucher de jumeaux
L'accouchement de jumeaux ne présente pas de complications particulières. Il est simplement un peu plus long qu'un accouchement normal puisqu'il s'écoule un temps de repos de 15 à 30 minutes avant que de nouvelles contractions commencent en vue de la seconde naissance. L'expulsion est généralement simple car les jumeaux sont souvent de petite taille. S'il y a deux poches distinctes, on perce la seconde poche après la naissance du 1er enfant et on attend la reprise des contractions pour la seconde expulsion. La délivrance a lieu après la naissance du second bébé, qu'il y ait un seul œuf ou deux. La perte de sang est plus abondante que pour un seul enfant et les risques d'hémorragie aussi. C'est pourquoi il est nécessaire d'accoucher dans une maternité très bien équipée lorsqu'on attend plusieurs enfants. L'aîné des enfants est celui qui sort le premier.

L'utilisation des forceps intervient dans 1 accouchement sur 10. On les utilise lorsque l'enfant n'arrive pas à sortir et souffre.

Le cordon ombilical est ligaturé puis coupé. Votre bébé est dès cet instant un être physiologiquement autonome. Une nouvelle vie commence pour lui.

La délivrance
Une vingtaine de minutes après la naissance de votre bébé, vous ressentirez à nouveau des contractions, mais beaucoup plus légères que pendant l'accouchement. Elles ont pour but de décoller le placenta qui adhérait à l'utérus.

Pour le détacher complètement, la sage-femme appuie sur l'utérus puis tire sur le cordon pour le faire sortir. Votre accouchement est alors complètement terminé. Vous allez rester encore 1 ou 2 heures dans la salle d'accouchement sous surveillance, puis retournerez dans votre chambre où votre bébé vous rejoindra.

L'accouchement avec interventions
L'accouchement se déroule tout à fait normalement dans la très grande majorité des cas. Des complications, prévues ou non, peuvent cependant apparaître quelquefois et une intervention instrumentale ou chirurgicale doit alors avoir lieu.

Les interventions instrumentales
L'accouchement se déroulant normalement, il peut arriver que le bébé ne puisse sortir tout seul pour différentes raisons. Dans ce cas, le médecin ou la sage-femme va s'aider d'instruments.

Les forceps
Il s'agit d'une grande pince dont l'extrémité en forme de cuillères s'adapte à la tête de l'enfant. Les forceps sont destinés à le tirer hors de sa mère lors de difficultés au moment de l'expulsion. Ils ne présentent pas de danger pour la mère et l'enfant : en cas de difficulté majeure, une césarienne est pratiquée.

Les forceps peuvent être de simples petites pinces appelée spatules. Certains accoucheurs préfèrent encore utiliser une ventouse, appelée *vacuum extractor*. La ventouse permet de maintenir la tête de l'enfant entre deux contractions et de profiter de la force de la contraction pour le tirer vers l'extérieur.

Les forceps sont utilisés :
• quand le bébé est trop gros ;
• quand il s'agit d'un bébé prématuré trop petit et faible, afin que sa tête ne souffre pas des efforts de la poussée et qu'il ne se fatigue pas au moment de l'expulsion ;
• quand il y a eu anesthésie par péridurale. Ce n'est pas systématique mais suivant la sensibilité à l'anesthésique, le besoin de pousser peut être diminué ;

• quand on veut tout simplement éviter une expulsion longue et fatigante.

Les interventions chirurgicales

Il y en a essentiellement deux, couramment pratiquées, dont la technique est parfaitement maîtrisée et sans danger.

La césarienne

La césarienne consiste à inciser la peau de l'abdomen, les muscles et enfin l'utérus afin de sortir l'enfant qui ne peut le faire par les voies naturelles. Environ 11 % des accouchements se font par césarienne, dont une forte proportion parmi les grossesses à risque qui doivent être souvent interrompues avant le terme sous peine d'être dangereuses pour l'enfant. C'est le cas en particulier lorsque la mère présente un diabète grave, de l'herpès génital, une hypertension artérielle ou une insuffisance rénale. Cela peut être également le cas quand la future mère a développé une maladie au cours de sa grossesse comme la toxémie gravidique, la toxoplasmose ou la listériose.

Certaines causes de la césarienne sont purement physiques :
• quand le bassin de la mère est trop étroit et l'enfant trop gros ou encore s'il présente une malformation ;
• lorsque le placenta recouvre en partie ou en totalité l'ouverture du col ;
• quand il y a procidence du cordon, c'est-à-dire que le cordon ombilical sort en premier et se trouve comprimé par la tête du bébé qui subitement est mal alimenté en sang et donc en oxygène. Le cordon peut être également trop court et empêcher l'enfant de descendre ;
• quand la présentation de l'enfant est transverse ou lorsqu'elle est par la face ou le front.
Dans tous ces cas, le problème a été observé au cours des examens de surveillance de la grossesse et la césarienne a été programmée.
Il se peut que la césarienne soit décidée en cours de travail. C'est ce qui se passe quand l'accouchement traîne en longueur parce que l'enfant ne peut pas descendre ou parce que le col se dilate mal. Dans ces conditions, dès que le médecin détecte, en particulier grâce au monitoring, une souffrance fœtale, la décision de faire une césarienne est prise.
L'utérus est incisé dans sa partie la plus mince, horizontalement, juste au-dessus du pubis, ce qui a l'avantage de laisser une cicatrice invisible puisqu'elle sera cachée par les poils.
Après une césarienne, il est possible d'accoucher ultérieure-

La césarienne, pratiquée sous anesthésie générale ou sous péridurale, est pratiquée par une incision horizontale sur 8 à 9 cm. Dans les cas d'urgence, l'incision est faite verticalement pour donner au médecin accoucheur une plus grande facilité de mouvements.

À SAVOIR

Épisiotomie

Si, malgré une bonne préparation du périnée, vous vous trouvez dans le cas d'une épisiotomie obligatoire, sachez qu'il s'agit là d'un moindre mal : la récupération de la tonicité de toute cette région génitale en sera grandement facilitée.

L'épisiotomie est une intervention qui peut éviter la déchirure des muscles du périnée ; elle préserve ainsi une bonne continence urinaire et anale, une bonne tonicité des parois vaginales et donc le maintien d'une vie sexuelle satisfaisante. Pour faciliter la cicatrisation,

• lavez-vous doucement après chaque selle pour ne pas infecter la cicatrice ;

• séchez-vous avec un mouchoir en papier ou, mieux, l'air chaud d'un sèche-cheveux afin de supprimer l'humidité locale. L'épisiotomie systématique est remise en cause aujourd'hui.

ment par les voies naturelles. C'est le cas pour 50 % des femmes césarisées. Il est coutumier de dire que l'on ne peut pas avoir plus de trois césariennes, mais c'est davantage par excès de prudence que par contre-indication absolue.

L'épisiotomie

C'est l'incision de la paroi vaginale et surtout des muscles sous-jacents du périnée pratiquée par le médecin au moment de l'expulsion pour éviter une déchirure. Cette intervention est bénigne.

Elle est particulièrement indiquée dans le cas :
• d'un bébé dont le périmètre crânien est important ;
• de souffrance fœtale ;
• s'il y a nécessité d'utiliser les forceps.
Elle est automatiquement faite pour un bébé prématuré afin que sa tête n'ait pas à forcer.
L'épisiotomie est pratiquée quand la tête est visible, au moment d'une poussée. La distension du périnée insensibilise provisoirement la région et ne nécessite pas de piqûre d'anesthésique. Celle-ci sera cependant faite après l'accouchement pour recoudre l'incision. Les 2-3 jours qui suivent l'épisiotomie sont assez pénibles car la position assise est douloureuse. Il faut compter 3 à 4 semaines pour que la cicatrice soit tout à fait insensible.
Une hygiène rigoureuse de cette région est évidemment indispensable et l'abstention de rapports sexuels est souhaitable tant que la cicatrice est un peu douloureuse, afin de ne pas laisser s'installer une appréhension des rapports sexuels.

L'accouchement après le terme

On considère que le terme est dépassé au début de la 41e semaine depuis le 1er jour des dernières règles. Si vous êtes dans ce cas (3 % des femmes), on vous convoquera tous les 2 jours, ou même tous les jours, pour écouter les bruits du cœur de votre bébé. Une amnioscopie (voir page 139) sera faite pour regarder la couleur du liquide amniotique. S'il se teinte en verdâtre, c'est que le bébé rejette son méconium et donc qu'il souffre. Il faut alors intervenir en déclenchant l'accouchement. Par le doppler, on examinera également la vitalité du placenta car, en fin de grossesse, il commence à s'altérer et remplit moins bien ses fonctions de nutrition et d'oxygénation. Si, après 41 semaines d'aménorrhée, votre bébé tarde toujours à se manifester, on provoque sa naissance. Généralement, le bébé naît en bonne santé et ne demande pas de soins particuliers. Sa peau pèle et ses ongles sont très longs. Il était temps qu'il vienne au monde !

LE 9ᴱ MOIS DE VOTRE GROSSESSE

Âge de la grossesse	35ᵉ semaine	36ᵉ semaine	37ᵉ semaine	38ᵉ semaine
OBSERVATIONS GÉNÉRALES	Les articulations du bassin s'écartent progressivement. Tiraillements, douleurs diffuses dues au relâchement des articulations.	La courbure de votre colonne vertébrale s'est accentuée pour compenser l'accroissement du poids sur le devant du corps.	Tenez-vous prête à partir pour la maternité.	L'accouchement est imminent.
SYMPTÔMES POSSIBLES		Maladresse possible due au changement de votre centre de gravité.		État nauséeux. Perte du bouchon muqueux 1 à 3 jours avant l'accouchement. Fébrilité de rangement.
PRÉCAUTIONS À PRENDRE	Reposez-vous.			Ne vous affolez pas aux premières contractions. Pour partir à la maternité, attendez des contractions régulières. Si vous perdez les eaux, partez immédiatement.
EXAMENS			Si besoin : radiopelvimétrie. Décerclage dans le cas où vous auriez eu un cerclage.	
DÉMARCHES		7ᵉ examen médical obligatoire.		Prévoir des massages et/ou une rééducation périnéale après l'accouchement.

Votre bébé est là !

Dès que votre bébé est sorti de vous, on l'a posé sur votre ventre quelques instants. Vous avez pu sentir, sur vous, cette petite masse chaude qui poussait des cris. Sa première sensation de douceur après l'épreuve de sa naissance est votre corps doux et chaud dans lequel il s'enfonce. Ses cris vont cesser très vite à votre contact et, si on lui en laisse le temps, il va peut-être exercer le réflexe de fouissement, ou réflexe de succion, qui fait que le nouveau-né tète instinctivement le sein de sa mère.

Bonjour bébé !

Tous les moyens pour entrer en communication avec votre bébé sont bons : paroles, sourires, mimiques, musique. Non seulement il aime ces stimulations mais il les attend. Ces contacts vont s'intensifier et s'enrichir au fil du temps qui passe car votre bébé sera de plus en plus réceptif et sera capable de répondre plus activement. Ils tissent inévitablement entre vous un lien très fort d'affection. Et à votre amour maternel répondra celui de votre enfant.

LE 1ER CRI

Plus ou moins fort, ce n'est pas un signe de détresse devant sa nouvelle vie mais tout simplement un besoin vital.
La cage thoracique comprimée pendant l'accouchement décompresse dès la sortie de sa mère, provoquant une brutale entrée d'air dans la bouche qui s'ouvre. Les alvéoles pulmonaires se déplissent rapidement tandis que le liquide amniotique qui remplissait l'arbre pulmonaire se résorbe. Le sang venant du cœur se précipite dans les vaisseaux pulmonaires pour se charger de l'oxygène qui vient d'arriver par cette première inspiration et se décharger du gaz carbonique au cours de l'expiration.
La circulation cœur-poumons est ainsi établie.

Les premiers soins

Après avoir reçu un petit bracelet portant son nom, votre bébé va recevoir les premiers soins.
• Tout d'abord, on va désobstruer ses voies respiratoires, c'est-à-dire aspirer les mucosités qui peuvent plus ou moins encombrer la bouche et le nez. Le médecin s'assure ainsi que les voies respiratoires sont bien dégagées.
• Environ 5 minutes après la naissance, on serre le cordon ombilical par 2 pinces. On coupe entre les pinces, à quelques centimètres du ventre du bébé. Avant de faire un léger pansement maintenu par une bande de gaze ou un sparadrap, on prélève un peu de sang au cordon pour différents examens. La partie restante du cordon va se sécher et tomber après une petite semaine, laissant sur l'abdomen du bébé une plaie légère qui se cicatrise rapidement.
• On verse 2 gouttes de collyre dans chacun des yeux.
• On pèse votre bébé. S'il pèse moins de 2,7 kg, c'est un petit bébé. S'il pèse plus de 3,7 kg, c'est un gros bébé.
• On mesure sa taille ainsi que la circonférence de sa tête, qui se situe entre 33 et 35 cm, puis on mesure sa cage thoracique.

Tous les soins sont donnés sur une table chauffante ou sous un cône de chaleur, car le bébé se refroidit très vite. Il ne faut pas oublier qu'il vient de vivre de longs mois à la température toujours égale de 37 °C, et que soudain il se retrouve à 22 °C. Il n'est pas encore capable d'adapter sa température interne qui baisse de 1 à 2,5 °C. Ce n'est que 2, 3 jours plus tard qu'il retrouvera une température de 37 °C.

De plus en plus fréquemment, les premiers soins étant donnés, on fait prendre un bain chaud au bébé pour lui rappeler le milieu d'où il vient. Il manifeste son bien-être en retrouvant immédiatement son calme. On le trempe environ 5 minutes, sans le laver pour ne pas lui retirer son vernix, enduit blanchâtre, qui protège sa peau fragile.

Après les premiers soins et le bain, votre bébé va subir toute une série de tests qui ont pour but de vérifier sa respiration, ses battements cardiaques, qui sont aux alentours de 100 à 120 par minute, son tonus musculaire ainsi que ses réflexes. Ceux-ci ont pour but de renseigner sur le bon fonctionnement du système nerveux central.

À quoi ressemble votre bébé ?

Lorsque votre bébé a été posé sur vous, vous l'avez regardé et malgré votre joie, vous n'avez pas osé vous avouer une légère déception. Vous ne le trouvez pas beau ! Vous imaginiez un bébé rose et joufflu, et le bébé que vous avez là n'est pas du tout comme cela ! C'est parfaitement normal. Tous les bébés sont ainsi le jour de leur naissance. Attendez deux à trois semaines et vous aurez un bébé qui répond à votre attente.

Tout d'abord, vous êtes surprise par le volume de sa tête. C'est vrai, votre bébé a une grosse tête ! Elle représente le quart de sa taille totale alors que, chez l'adulte, la tête ne représente que le 1/7e. Le front est très grand par rapport au reste du visage puisqu'il en représente les trois quarts au lieu de la moitié. Par suite de l'accouchement, la tête de votre bébé peut être allongée en pain de sucre ou bosselée d'un côté ou de l'autre. Dans une quinzaine de jours, il n'y paraîtra plus rien et il aura une belle petite tête ronde.

La tête de votre bébé est trop lourde pour les muscles de son cou. C'est pourquoi il n'arrive pas à la redresser. Vous devrez bien la soutenir en mettant une main sous sa nuque lorsque vous le porterez.

Les os de son crâne ne sont pas encore soudés. Ils sont séparés par des espaces de tissus fibreux. Ces espaces sont très larges en deux endroits : sur le dessus du front et à l'arrière du crâne. Ce sont les fontanelles. Elles se réduiront lentement, au fur et à mesure que le crâne grandira, et se fermeront complètement vers 8 mois pour celle de l'arrière et vers 18 mois pour celle du front.

Ses yeux paraissent très grands. C'est normal puisque leur taille est de 2/3 de ceux de l'adulte alors que la tête est plus petite. Ils paraissent souvent bleus à la naissance mais ils vont changer de teinte et auront leur couleur définitive vers 1 mois environ. Les paupières sont épaisses avec des cils apparents.

Son nez peut avoir été très aplati pendant l'accouchement, mais

La tête du bébé représente le quart de sa taille totale ! Elle est trop lourde pour les muscles de son cou. C'est pourquoi vous devez soutenir sa nuque lorsque vous le portez.

À SAVOIR

Déjà réceptif

La communication se renforce au fur et à mesure des sollicitations de la mère qui engendrent des stimulations nerveuses pour le bébé qui y répond selon ses possibilités.
Ce sont toutes ces stimulations qui permettent la maturation lente du système nerveux.
Le cerveau se câble au fur et à mesure de la réception des informations et la pensée sera d'autant plus riche que les circuits seront plus nombreux. Vous savez déjà qu'il faut 18 à 20 ans pour que le cerveau soit entièrement et définitivement câblé. Cela montre l'importance de l'éducation dans le comportement du futur adulte.

Au cours des 2 premiers mois, votre bébé est attentif aux stimuli sonores, il va pouvoir fixer un objet lumineux puis suivre un objet de grande taille placé près de lui.

lui aussi va se redresser. Quant à sa bouche, elle paraît immense. Votre bébé est né sans cheveux ou au contraire avec une abondante chevelure. Dans ce cas, elle va tomber progressivement pendant plusieurs semaines pour être ultérieurement remplacée par d'autres cheveux plus fins et généralement plus clairs. Et si au moment de sa naissance, votre bébé avait encore le corps couvert de duvet, celui-ci va tomber.

Les ongles de votre bébé peuvent être très longs. Même s'il se griffe légèrement avec, il ne faut pas les lui couper avant une ou deux semaines pour éviter une éventuelle infection.

Les organes génitaux de votre bébé sont très développés, surtout si c'est un garçon. Si c'est une fille, quelques gouttes de sang peuvent apparaître dans les couches. Cela n'a rien d'alarmant car tout à fait physiologique. De même, les seins des bébés, qu'ils soient filles ou garçons, sont gonflés et sécrètent une substance blanchâtre. C'est la conséquence du passage à travers le placenta d'une petite quantité d'hormone devant provoquer la montée laiteuse chez la mère. Dans quelques jours, les seins de votre bébé seront normaux. En attendant, vous n'y toucherez pas. Tous ces signes caractérisent ce que l'on appelle la crise génitale du nouveau-né.

Ses sens

Votre bébé n'est pas un simple tube digestif comme on le disait volontiers autrefois. Loin de là ! C'est un être maintenant autonome sur le plan physiologique et qui a déjà de nombreuses sensations. Il voit, entend, sent et ressent.

Sa vision

Elle n'est pas encore très bonne puisqu'il ne perçoit les choses que sur un petit arc de cercle de 20°, à condition qu'elles soient placées à 20 ou 25 cm de ses yeux. Il ne voit pas les couleurs sauf peut-être la couleur rouge. Cette difficulté de la vision du nouveau-né vient du fait qu'il a toujours vécu dans un milieu obscur. Il lui faut un certain temps pour que sa rétine s'adapte à la lumière et devienne totalement fonctionnelle.

Son ouïe

Elle est meilleure que sa vision. Il est vrai qu'il entend depuis plusieurs mois et qu'il est déjà habitué à de nombreux sons. Il reconnaît parfaitement la voix humaine puisqu'il l'entendait déjà avant de naître. Il entend même quand il dort, et de légers bruits peuvent le réveiller.

Son odorat

Il est également développé et c'est grâce à lui qu'il reconnaît le sein maternel. C'est le sens le plus développé pour la reconnaissance de la mère : il la reconnaît à son odeur à 10 jours alors qu'il ne la reconnaît par la voix qu'à 5 semaines et par les yeux qu'entre 3 et 5 mois.

Son goût

Il s'est développé lors de la grossesse en avalant du liquide amniotique. Il va donc être capable de distinguer et d'apprécier immédiatement un lait à la saveur agréable. Si vous allaitez votre bébé, il goûtera à tout ce que vous goûterez. Si vous mangez du fenouil ou du cumin, votre lait sera légèrement parfumé, pour son plus grand plaisir !

Son toucher

Vous allez sans doute être surprise par le fait que vous retrouvez toujours votre bébé la tête collée contre le haut de son berceau. Dans cette position apparemment inconfortable, il dort le sourire aux lèvres. Ce besoin de contact est nécessaire pour lui. Le vide qui soudain l'entoure alors que, dans vous, il était serré entre les parois de l'utérus, lui fait peur. C'est pourquoi être tenu dans vos bras, bien appuyé contre vous, le réconforte et le comble d'aise. Il sourit aux anges ou vous regarde si vous le sollicitez. La communication entre la mère qui parle et sourit à son bébé qui la regarde s'établit ainsi.

Les suites de couches

Tout de suite après l'accouchement, l'utérus se contracte et commence à diminuer de volume. Il descend d'un centimètre par jour et n'est plus palpable vers le 10e jour.

La contraction de l'utérus permet une ligature naturelle des vaisseaux, évitant ainsi les hémorragies. Néanmoins, un écoulement sanguin va persister pendant quelque temps. Pendant les 2 ou 3 jours qui suivent l'accouchement, ils sont assez abondants car ils permettent d'entraîner la partie muqueuse de l'utérus, ou caduque, qui entourait l'œuf initialement. Ces saignements, ou lochies, diminuent au bout de quelques jours pour s'arrêter complètement vers la fin de la 3e semaine. Chez certaines femmes cependant, ils peuvent durer jusqu'au retour de couches. Un écoulement plus important peut se produire 12 à 15 jours après l'accouchement. C'est le petit retour de couches qui ne durera pas plus de 3 à 4 jours.

Profitez de votre séjour à la maternité pour vous reposer.

9 mois de grossesse, puis les efforts de l'accouchement, vous ont fatiguée et si vous ne bénéficiez pas de ce répit, vous risquez de le regretter dans les semaines qui suivent.

Le lait maternel reste le meilleur choix pour l'alimentation du nourrisson : il couvre à lui seul les besoins nutritionnels de l'enfant jusqu'à 6 mois. Le bébé doit être bien placé pour téter correctement : il doit pouvoir étaler sa langue sous le sein et prendre toute l'aréole dans sa bouche. 95 % des crevasses sont dues à une mauvaise position du bébé.

La montée de lait

Dès l'expulsion du placenta, l'hypophyse sécrète une hormone de lactation, la prolactine, qui va agir directement sur les glandes mammaires. 2 à 3 jours après l'accouchement, vos seins vont gonfler et durcir. C'est la montée laiteuse. Cela peut prendre un jour de plus si vous avez eu une césarienne.

Si vous allaitez, vos seins vont rester distendus pendant tout le temps que durera l'allaitement. Aussi devrez-vous les soutenir efficacement par un bon soutien-gorge que vous garderez jour et nuit.

Si vous n'allaitez pas, on vous fera prendre quelques comprimés qui stopperont la montée de lait. Portez un bon soutien-gorge.

Le retour à la normale

Dès le lendemain de l'accouchement, vous pourrez vous lever, mais modérément. Votre périnée s'est trouvé très distendu au moment de l'expulsion. Or, vous le savez, le périnée est cet ensemble de muscles sur lesquels reposent les organes génito-urinaires. L'utérus encore gros et lourd aura tendance à accentuer le relâchement et, insuffisamment maintenu, il peut se retourner vers l'arrière. C'est la rétroversion de l'utérus. En conséquence de quoi, levez-vous pour faire votre toilette, marcher un peu mais ne restez pas debout trop longtemps. Et surtout ne portez pas de charge lourde.

Dès à présent, rééduquez votre périnée, sans faire de mouvements intempestifs mais en contractant les uns après les autres les muscles de la région anale puis génitale.

Même si votre accouchement s'est passé tout à fait normalement, vos muscles formant le périnée ont été distendus. Rééduquez cette région par des exercices appropriés pour éviter, pour les années à venir, des fuites urinaires (voir page 119).

Ne vous déprimez pas à la vue de votre ventre mou et fripé. Il a été incroyablement distendu par la grossesse, laissez-lui le temps de revenir à la normale. Vous attendrez d'avoir récupéré complètement votre périnée, ce qui demande environ 6 semaines, avant d'entreprendre la série de gymnastique rééducative prise en charge par la Sécurité sociale. Si vous en éprouvez le besoin, vous pourrez demander une série supplémentaire sur prescription médicale.

Quand vous n'aurez plus aucun saignement et que la vulve sera complètement cicatrisée, surtout si vous avez eu une épisiotomie, vous irez nager à la piscine le plus souvent possible. Ces exercices, joints à une alimentation équilibrée et légère, vous rendront la ligne en quelque temps.

Le baby blues

Rentrée chez vous avec votre bébé, vous retrouvez votre compagnon et votre maison avec bonheur. Tout est pour le mieux. Ou du moins pourrait être pour le mieux car, chose incompréhensible et inexplicable, vous n'avez pas le moral et voyez tout en noir. Vous avez envie de pleurer sans raison et n'avez plus de goût à rien. Pour un peu, même le bébé, pourtant si désiré, vous indifférerait. C'est le *post-partum* blues, c'est-à-dire la dépression des accouchées.

Due au bouleversement hormonal énorme, cause du déclenchement de l'accouchement, cette déprime d'origine purement physiologique est encore accentuée par la fatigue de 9 mois de grossesse, celle des efforts de l'accouchement, du sang perdu et du sommeil perturbé par l'alimentation et les soins à donner au bébé. Sans compter toutes les questions angoissantes que peut se poser une jeune mère face à son nouveau-né.

Sachez que cet état existe et qu'il n'a rien de honteux. Ce serait bien que votre compagnon réserve ses jours de congé de paternité, et pourquoi pas une semaine de congés payés supplémentaire, pour vous seconder à ce moment-là. Si ce n'est pas possible, essayez d'avoir près de vous, le plus souvent possible, votre mère, votre belle-mère ou une amie qui gardera le bébé, ce qui vous permettra de sortir un peu pour vous changer les idées.

Ne laissez surtout pas s'installer en vous un état dépressif, car si vous vous heurtez à l'incompréhension de votre entourage, vous glisserez vite de la simple déprime à la vraie dépression. Aux premiers signes, voyez votre médecin. Par une aide psychologique voire médicamenteuse, il vous redonnera tonus et sourire. Et c'est avec bonheur que commencera cette nouvelle vie à trois.

La reprise des relations sexuelles

Attendez que les saignements qui suivent l'accouchement soient arrêtés et surtout que la vulve soit cicatrisée. N'ayez pas de relations sexuelles si elles sont douloureuses, car vous finiriez par avoir inconsciemment un réflexe négatif d'autodéfense. Consultez, dans ce cas, le médecin qui vous a accouchée. Des soins souvent très simples résoudront ce problème.

Naturellement, vous aurez, ainsi que votre compagnon, une hygiène irréprochable afin d'éviter tout risque d'infection qui pourrait monter dans l'appareil génital.

Si vous allaitez, attention méfiance ! Ne croyez pas la tradition qui veut que tant qu'une femme allaite, elle est protégée d'une nouvelle grossesse. Ce n'est vrai qu'en partie. Une femme qui allaite complètement est protégée seulement pendant les 3 premiers mois. C'est ainsi que 7 % des femmes qui allaitent

Le baby blues, ou dépression du post-partum, est dû à la fatigue, mais aussi à la chute des hormones de la grossesse. Confiez-vous, ne gardez pas ce vague à l'âme pour vous toute seule.

À SAVOIR

Surveillance médicale de l'enfant
La 1re année, neuf visites sont obligatoires :
● une au cours de la semaine qui suit la naissance,
● une avant la fin du 1er mois et une au cours des 2e, 3e, 4e, 5e, 6e, 9e et 12e mois.
Lors de certaines de ces visites (8e jour, 9e et 24e mois), le médecin établira un certificat de santé que vous enverrez à votre Caisse d'allocations familiales.

La 2e année, trois visites sont obligatoires :
● au cours des 16e, 20e et 24e mois.
Ensuite, l'enfant doit être soumis à une visite obligatoire tous les 6 mois pendant les 4 années suivantes.

Les visites obligatoires peuvent être effectuées par un pédiatre de votre choix ou dans une consultation de PMI de votre commune, où elles sont gratuites. Sachez cependant que le centre de PMI n'est pas un centre de soins et que le jour où votre enfant sera malade, vous devrez consulter un médecin.

se retrouvent enceintes instantanément. Dès l'instant où vous reprendrez des relations sexuelles, vous devrez envisager une contraception. Le retour de couches arrive en effet avec imprécision 4 à 6 semaines après l'accouchement. Cela veut dire qu'une ovulation a eu lieu 15 jours avant. C'est l'inconnu total. Autrement dit, une grossesse peut survenir 4 à 6 semaines après l'accouchement.

Si vous allaitez, sachez qu'il existe une pilule contraceptive faiblement dosée en progestérone.

C'est votre gynécologue qui décidera, avec vous, de la contraception la mieux adaptée. Il sait s'il s'agit de votre premier enfant ou non, si vous avez eu une césarienne ou non, si vos cycles étaient réguliers ou non... Autant d'éléments qui le guident dans le choix d'une contraception appropriée. Celle-ci peut d'ailleurs être temporaire et remplacée au bout de quelque temps par une autre.

Vos obligations postnatales

Votre bébé né, vous avez quelques obligations à remplir vis-à-vis de l'administration. Ne les négligez pas, car ce serait pour vous la perte des prestations.

Une visite médicale pour vous

Elle est obligatoire dans les 8 semaines qui suivent l'accouchement, l'idéal se situant 1 mois après l'accouchement.

Elle consiste en un examen clinique au cours duquel le médecin vérifie que tous vos organes génitaux ont retrouvé leur place et sont en bon état. Il examinera, en plus, les seins, la paroi abdominale et le périnée. C'est à vous de lui signaler toute anomalie, toute gêne, telle que la présence de varices ou d'hémorroïdes. Si ce n'est pas encore fait, il vous prescrira une contraception.

La déclaration de naissance

À la maternité, on vous remettra un certificat attestant la naissance de votre enfant. Muni de ce certificat, et du livret de famille si vous êtes mariée, le père, ou à défaut une personne déléguée par la maternité, doit déclarer l'enfant à la mairie de l'endroit où a eu lieu l'accouchement. La déclaration doit être faite obligatoirement dans les 3 jours qui suivent la naissance sous peine d'entraîner des complications coûteuses. Elle est portée sur le livret de famille. Les services de la mairie qui enregistrent la naissance remettent à la personne qui fait la déclaration un carnet de santé pour l'enfant et des extraits de l'acte de naissance nécessaires pour les démarches ultérieures. Si vous n'êtes pas mariée, vous pourrez à ce moment-là faire la demande d'un livret de famille.

Conclusion

Après l'aventure magique de la grossesse que vous venez de vivre pendant neuf mois, vous ne serez plus jamais la même. Vous avez donné la vie et, de cette vie, vous êtes à présent responsable.

Votre enfant est là et votre rôle auprès de lui ne fait que commencer. Un rôle fabuleux, puisqu'il s'agit maintenant de l'élever et de l'éduquer. Parlez beaucoup à votre enfant. Ne laissez jamais passer l'occasion d'une conversation. Non seulement vous éveillerez son esprit, mais en plus, au fil des ans, se créeront entre vous une confiance et une complicité totales. Devenu adolescent, il continuera à vous confier ses problèmes et sollicitera vos conseils. Votre titre de « mère » aura alors trouvé toute sa signification.

Ne soyez pas anxieuse devant l'avenir : laissez-vous guider par le bon sens et l'amour. L'amour que vous donnerez à votre enfant et qu'il vous rendra au-delà de ce que vous pouvez imaginer.

Annexes

Les renseignements qui suivent sont donnés à titre indicatif et non définitif car les mesures protégeant la femme enceinte, puis la mère et l'enfant sont nombreuses et souvent remaniées. Pour savoir quels sont vos droits, dans votre cas précis, en matière de congés, de remboursement de soins ou pour la perception d'indemnités journalières, renseignez-vous auprès de votre centre de Sécurité sociale ou votre Caisse d'allocations familiales (Tél. : 0820 25 75 10). Vous pouvez les consulter sur Internet : www.caf.fr ou www.ameli.fr ou www.securite-sociale.fr ou www.service-public.fr. Ces sites sont régulièrement mis à jour en fonction de l'application de nouvelles lois.

Droits et démarches

Le congé de maternité

Pour les futures mères qui travaillent, le congé de maternité commence officiellement 6 semaines avant l'accouchement. C'est le repos prénatal. Il se poursuit par un repos postnatal de 10 semaines après l'accouchement. Le congé de maternité classique comprend donc 16 semaines de repos.

Si l'accouchement est prématuré, les semaines qui n'ont pas été prises avant peuvent être reportées après, de façon à faire les 16 semaines légales. Si l'accouchement a lieu avant que le congé ait commencé, les 16 semaines seront toutes reportées en congé postnatal.

La durée totale du congé de maternité peut varier suivant les conventions de votre entreprise ou si vous travaillez dans la fonction publique.

Si la future mère est malade à partir du 6e mois de la grossesse, elle peut bénéficier d'un repos prénatal de 2 semaines supplémentaires, indemnisées au tarif du congé de maternité, c'est-à-dire à 84 %. Les autres congés de maladie pris au cours de la grossesse sont indemnisés au tarif maladie.

Si le bébé est hospitalisé, la mère peut reprendre son travail durant cette période. Les semaines de congé non prises pourront l'être plus tard, quand l'enfant aura quitté l'hôpital.

Toute femme a le droit de prendre un congé plus court, à condition toutefois de s'arrêter au moins 2 semaines avant l'accouchement et 6 semaines après, sous peine de perdre ses droits aux indemnités journalières.

À la fin de votre congé de maternité, n'oubliez pas d'envoyer à votre caisse de Sécurité sociale une attestation de reprise de travail signée par votre employeur.

Vous ne désirez pas retravailler

• **Si vous travaillez dans le secteur public,** vous avez droit à un congé sans solde pendant 3 ans. À la fin de ce congé, vous serez réintégrée dans votre emploi. Les fonctionnaires peuvent demander à travailler à mi-temps, mais ce droit n'est pas systématiquement accordé.

• **Si vous travaillez dans le secteur privé,** vous avez une possibilité légale : **le congé parental d'éducation.** Congé sans solde, il est accordé pour 1 an et peut être renouvelé deux fois. Il peut être pris à mi-temps ou à plein temps et ne peut être refusé par l'employeur, quel que soit l'effectif de l'entreprise. Pour le demander, il faut

	VOUS ATTENDEZ	CONGÉ PRÉNATAL	CONGÉ POSTNATAL
Vous n'avez pas d'enfant	• votre 1er enfant • des jumeaux • des triplés et plus	6 semaines 12 semaines 24 semaines	10 semaines 22 semaines 22 semaines
Vous avez déjà un enfant	• un 2e enfant • des jumeaux • des triplés et plus	6 semaines 12 semaines 24 semaines	10 semaines 22 semaines 22 semaines
Vous avez déjà deux enfants et plus	• un nouvel enfant • des jumeaux • des triplés et plus	8 semaines 12 semaines 24 semaines	18 semaines 24 semaines 22 semaines

avoir travaillé au moins 1 an dans l'entreprise et prévenir son employeur par lettre recommandée avec accusé de réception de l'intention de prendre un congé parental, au moins 1 mois avant l'expiration du congé de maternité et 2 mois avant de s'arrêter dans le cas d'une reprise de travail entre-temps.

Le parent n'est pas obligé de prendre le congé parental à la suite du congé de maternité mais dans les 2 ans qui le suivent. Si la mère a repris son travail avant de demander le congé, celui-ci sera diminué de la période pendant laquelle elle a travaillé. Si c'est le père qui demande le congé parental d'éducation, la mère doit envoyer à l'employeur de celui-ci une lettre recommandée avec accusé de réception, précisant qu'elle ne peut pas ou ne veut pas prendre ce congé. Théoriquement, à l'expiration du congé, le parent retrouve son emploi ou un emploi similaire.

Le congé de paternité

Pour la naissance d'un enfant, tout père salarié (sauf travailleur temporaire et salarié agricole) dispose de 3 jours de congés rémunérés, dit « congé de naissance », quelle que soit son ancienneté. Ce congé doit être pris dans les 15 jours qui précèdent ou suivent l'accouchement. Certaines conventions collectives peuvent aussi prévoir des congés supplémentaires, assortis d'une condition d'ancienneté.

Tout père actif (salarié, fonctionnaire, travailleur indépendant, employeur, chômeur indemnisé) peut prendre 11 jours de congés rémunérés dans les 4 mois qui suivent la naissance de son enfant (18 jours en cas de naissances multiples). Ce congé est cumulable avec les 3 jours de congé de naissance et est indemnisé dans les mêmes proportions que le congé de maternité. Le futur père doit avertir son employeur 1 mois avant le début de son congé.

Attendre seule un enfant

Future maman qui n'avez ni mari ni compagnon, ne restez pas seule pour autant. Comme toutes les femmes enceintes, et plus qu'une autre, vous avez besoin d'être écoutée, soutenue dans les moments difficiles qui se manifestent au cours de la grossesse. Si vous n'avez pas de famille ni d'amis de qui vous rapprocher, sachez qu'il existe des réseaux d'amitié qui vous apporteront réconfort et solidarité. Des associations ainsi que des organismes officiels pourront vous aider matériellement, vous conseiller et vous renseigner utilement pour vous permettre d'affronter au mieux n'importe quelle situation.

Organismes officiels
– Mouvement français pour le Planning familial.
– Direction départementale de l'action sanitaire et sociale (ddass).
– Centre national d'information et de documentation des femmes et des familles.
– Le CNIDFF vous donnera les coordonnées des centres régionaux (CIDF) et des centres départementaux.

La protection sociale des femmes seules
Les femmes seules, qu'elles soient célibataires, séparées, divorcées ou veuves, bénéficient des avantages donnés à toutes les femmes enceintes. Si leurs ressources sont insuffisantes, elles peuvent obtenir des aides supplémentaires.
Pour les femmes seules et sans ressources, une allocation mensuelle peut être accordée par le bureau d'aide sociale de la mairie pendant les 6 semaines qui précèdent la naissance. Son montant varie en fonction des ressources de la future mère. Dans le cas de manque total de ressources, cette allocation peut être encore perçue après l'accouchement. Elle peut se cumuler avec les allocations familiales.

L'allocation de parent isolé (API)
L'allocation est versée par la CAF. Elle est destinée à garantir un revenu familial minimal à toute femme enceinte ou toute personne seule, célibataire, veuve, séparée, divorcée ayant la charge d'un ou de plusieurs enfants.
Le montant de l'allocation est égal à la différence entre les ressources mensuelles person-

nelles et un minimum garanti. Il est donc variable. L'allocation est versée pendant 12 mois maximum mais, pour des cas exceptionnels, elle peut être prolongée jusqu'à ce que le dernier enfant ait atteint l'âge de 3 ans.

Son montant est révisé tous les 3 mois en fonction des revenus du trimestre écoulé.

Pour vous informer, vous aider

Tous les bureaux d'aide sociale des mairies, les Caisses d'allocations familiales et les centres de Sécurité sociale, ainsi que les centres de protection maternelle et infantile (PMI).

L'assurance maternité

On désigne par ce terme tout un ensemble d'avantages qui viennent compléter l'assurance maladie. Il s'agit de remboursements, de prestations familiales, d'indemnités journalières.

Toute assurée sociale ou ayant-droit d'un assuré social y a droit.

Pour en bénéficier, demandez le guide de surveillance médicale. Pour cela, envoyez à votre caisse de Sécurité sociale le volet n° 3 du feuillet d'examen prénatal signé par le médecin, lors de la 1re visite.

Envoyez également à la Sécurité sociale les feuilles de maladie signées par le médecin correspondant aux 8 visites médicales obligatoires :

– 1er examen prénatal avant la fin de la grossesse ;
– une attestation de visite médicale, chaque mois (du 1er jour du 4e mois) jusqu'à l'accouchement (soit 6) ;
– une attestation de visite médicale après l'accouchement.

Toutes les femmes seules qui bénéficient des prestations de la Sécurité sociale sont habilitées à toucher l'assurance-maternité.

Les remboursements de l'assurance maternité pour la mère

Remboursement : 100 % du tarif conventionné de la Sécurité sociale :

• Consultations médicales (les examens obligatoires de suivi médical de la grossesse peuvent être pris sur le temps de travail sans incidence sur le salaire). 8 visites obligatoires de surveillance de la grossesse en centre de PMI (Protection maternelle et infantile) ; à l'hôpital ; chez un médecin privé conventionné « secteur 1 ».

• Médicaments :
– Pendant les 5 premiers mois : remboursement variable suivant les vignettes : de 40 à 100 %.
– Pendant les 4 derniers mois sauf vignette bleue.

• Échographies : une par trimestre (à 70 % jusqu'à la fin du 5e mois ; à 100 % au-delà). Les échographies supplémentaires sont remboursées après entente préalable avec la Sécurité sociale.

• Hospitalisation éventuelle
– Pendant les 4 derniers mois de la grossesse.

• Préparation à l'accouchement : 8 séances pratiquées par un médecin ou une sage-femme.

• Transport vers la maternité en taxi ou en ambulance sur présentation d'une prescription médicale ou d'une facture.

• Accouchement.
Séjour à la maternité (12 jours) : à l'hôpital ou en clinique conventionnée.

• Rééducation postnatale : 10 séances après accord préalable.

Les remboursements de l'assurance maternité pour le nouveau-né

100 % du tarif conventionné de la Sécurité sociale :
• Soins au nouveau-né pendant son séjour à la maternité.
• Consultations obligatoires.
• Consultations gratuites en PMI.

Les prestations de l'assurance maternité
Conditions d'attribution des prestations et formalités à remplir

• **Prestation d'accueil du jeune enfant (PAJE)**
Cette prestation est composée de 4 aides financières :
– une prime à la naissance ou à l'adoption,
– une allocation de base,
– un complément de libre choix d'activité,
– un complément de libre choix de mode de garde.

• Vos ressources ne dépassent pas un certain seuil.
– La prime à la naissance ou à l'adoption est versée au cours du 7e mois de grossesse.
– L'allocation de base : mêmes limites de ressources que la prime à la naissance.
– Le complément de libre choix d'activité : si vous vous arrêtez de travailler ou exercez à temps partiel.
– Le complément de libre choix de mode de garde : si vous faites appel à une assistante maternelle ou à une garde d'enfant à domicile.

• Déclarer votre grossesse avant la fin des 14 premières semaines auprès de la Caisse d'assurance maladie et de la Caisse d'allocations familiales (CAF).
• Passer 7 visites médicales obligatoires pendant la grossesse ; la 1re avant la fin du 3e mois.
• Envoyer le feuillet correspondant à l'accouchement, signé par le médecin, dans les 2 jours qui suivent la naissance.
• Joindre la déclaration d'accouchement remise par la maternité.
• Faire passer à votre enfant les visites médicales obligatoires et envoyer à la CAF les 3 attestations remplies par le pédiatre :
– la 1re, dans les 8 jours après la naissance,
– la 2e au 9e mois,
– la 3e au 24e mois.

Allocations familiales (AF)
• À partir du 2e enfant, quels que soient votre situation familiale et le montant de vos revenus. Les enfants ne doivent pas avoir plus de :
– 18 ans, s'ils ne sont pas étudiants,
– 20 ans pour les étudiants et apprentis.
Aucune formalité. Les allocations familiales vous seront versées automatiquement.

Complément familial (CF)
• Avoir au moins 3 enfants à charge.
• Les enfants doivent avoir plus de 3 ans et moins de 17 ans pour ceux qui ont quitté l'école, 20 ans pour les étudiants.
Le complément familial est suspendu quand il n'y a plus que 2 enfants à charge.
• Déclarer vos revenus qui ne doivent pas dépasser un certain plafond.
• Si vous attendez un nouvel enfant, vous ne pouvez cumuler le complément familial et la PAJE.

Allocation de parent isolé (API) voir page 183
• Être célibataire, séparée, divorcée ou veuve, et enceinte.
• Élever seule un ou plusieurs enfants avec de faibles ressources.
• Déclarer sa grossesse et effectuer les examens médicaux obligatoires.
• Déclarer ses revenus chaque trimestre.

Allocation d'éducation spéciale (AES)
• Avoir un enfant de moins de 20 ans atteint d'un handicap permanent.
Les conditions d'obtention de l'allocation dépendent du taux d'incapacité de l'enfant.

Glossaire

ADN : longue molécule située dans le noyau de toute cellule. Indispensable au maintien de la vie cellulaire et à la transmission des caractères héréditaires.

Aménorrhée : absence de règles.

Amnios : enveloppe qui entoure la cavité amniotique.

Annexes embryonnaires : organes présents de façon transitoire entre la mère et l'enfant. Il s'agit essentiellement du placenta et de l'amnios*.

Anticorps : substance engendrée dans l'organisme par l'introduction d'une substance étrangère appelée antigène*. L'anticorps a pour rôle de neutraliser l'antigène.

Antigène : substance étrangère et toxique à l'organisme. Son introduction dans celui-ci entraîne une réponse défensive de sa part par la fabrication d'anticorps*.

Axone : prolongement de la cellule nerveuse ayant pour rôle de propager l'influx nerveux.

Baby blues : petite dépression de la mère survenant après l'accouchement.

Blastocyste : Petite boule de 64 cellules qui présente déjà une différenciation : des cellules externes qui donneront le placenta et un groupe de cellules centrales qui seront à l'origine de l'embryon.

Caduque : muqueuse utérine dans laquelle le blastocyste* pénètre. Elle sera éliminée à la naissance.

Caryotype : carte d'identité des chromosomes*. Leur classification par nombre, forme et taille permet de repérer les anomalies d'origine chromosomique.

Cellule : élément de base de tout être vivant, animal ou végétal. Les cellules sont constituées d'un cytoplasme* et d'un noyau, le tout étant entouré d'une membrane.

Chorion : enveloppe externe qui entoure l'embryon.

Chromosome : configuration spéciale des fibres de chromatine* due à leur enroulement intense, au moment de la division cellulaire*. Dans l'espèce humaine, les chromosomes de toutes les cellules sont au nombre de 23 paires, soit 46, sauf dans les cellules sexuelles, où ils ne sont qu'en un seul exemplaire, soit 23. Le nombre 46 sera reconstitué dans la cellule issue de la fécondation par l'association des chromosomes paternels et maternels. Les chromosomes portent les gènes*.

Colostrum : premier lait qui apparaît après l'accouchement, parfois même en fin de grossesse.

Corps jaune : nom donné au follicule* après la libération d'un ovocyte*. Après la fécondation, le corps jaune sécrète de la progestérone qui assure la nidification de l'œuf dans la muqueuse utérine.

Cytoplasme : partie de la cellule qui entoure le noyau. C'est le lieu de toutes les synthèses protéiques, lipidiques et glucidiques nécessaires à la vie de la cellule elle-même et donc de l'organisme tout entier.

Dendrites : ramifications arborescentes de la cellule nerveuse.

Différenciation cellulaire : ensemble de phénomènes biologiques qui aboutissent à l'apparition des divers types cellulaires qui s'organisent en tissus puis en organes.

Division cellulaire : moment particulier dans la vie de la cellule qui aboutit à la formation de 2 nouvelles cellules identiques.

Fécondation : rencontre de l'ovocyte* et du spermatozoïde.

FIVETE : fécondation in vitro et transfert d'embryons.

Follicule de De Graaf : corpuscule situé dans l'ovaire* qui protège et nourrit un ovocyte*. Chaque mois, un follicule se rompt pour libérer un ovocyte. C'est l'ovulation*, ou ponte ovulaire*.

FSH : hormone de stimulation folliculaire. Permet la maturation du follicule ovarien.

Gamète : cellule reproductrice mûre : spermatozoïde (mâle) ou ovocyte* (femelle). Chaque gamète possède 23 chromosomes* alors que toutes les autres cellules* de l'espèce humaine sont à 46 chromosomes.

Gène : petite portion d'ADN* qui contient l'information nécessaire pour coder sous forme de message chimique la synthèse d'un produit qui déterminera un caractère visible ou non.

Génotype : ensemble des gènes* d'un individu. L'expression d'un grand nombre de gènes aboutit au phénotype* de l'individu.

Gestation : état d'une femme enceinte, depuis la conception de son enfant jusqu'à l'accouchement

GIFT : Gamete Intra Fallopian Transfert. Technique de fécondation in vitro.
Gravide : se dit d'un utérus qui contient un embryon.

HCG : hormone gonadotrophine chorionique. Hormone sécrétée par la couche cellulaire externe de l'œuf, ou chorion*, implanté dans la muqueuse utérine. Elle assure la poursuite de la grossesse en faisant sécréter par le corps jaune* œstrogènes et surtout progestérone, pendant les 3rs mois.

Hydramnios : excès de liquide amniotique, occasionnant des troubles.

Hypotrophie : mauvais développement du fœtus.

Immunisation : Protection de l'organisme contre une maladie infectieuse. Se fait en général par la vaccination mais peut avoir lieu également naturellement.

Lanugo : Fin duvet qui recouvre le corps du fœtus in utero.

LH : hormone lutéinique. Provoque la rupture du follicule ovarien, ce qui entraîne l'ovulation*.

Lochies : écoulement sanguin faisant suite à l'accouchement.

Méconium : substance noirâtre et visqueuse faite de débris cellulaires et de bile, accumulée dans l'intestin du fœtus.

Membranes : elles forment la poche des eaux qui contient le liquide amniotique. Elles sont constituées d'un sac externe, appelé chorion*, et d'un sac interne, appelé amnios*.

Menstruation : sang qui s'écoule du vagin tous les 28 jours, signifiant que l'ovocyte* n'a pas été fécondé. Plus communément appelé règles.

Morula : petite boule de 16 cellules*, ressemblant à une mûre, issue des premières divisions du zygote*.

Multipare : femme qui a accouché plusieurs fois.

Mycose : infection due à un champignon microscopique. Les mycoses sont souvent génitales mais pas exclusivement.

Neurone : cellule* nerveuse.

Ombilic : nombril.

Organogenèse : formation des organes au cours de la vie embryonnaire.

Ovaire : glande sexuelle féminine qui garde en stock les ovocytes* et sécrète des hormones indispensables à la gestation* : les œstrogènes et la progestérone.

Ovocyte : est couramment et improprement appelé ovule*. Cellule* sexuelle féminine, prête à la fécondation.

Ovulation, ou ponte ovulaire : moment du cycle ovarien, situé entre le 14e et le 17e jour après le 1er jour des règles, où l'ovaire* libère un ovocyte*.

Phénotype : ensemble des caractères morphologiques, c'est-à-dire visibles, d'un individu.

Placenta *praevia* : placenta situé en bas de l'utérus, non loin de l'orifice interne du col, pouvant même le recouvrir.

Primipare : femme qui attend son premier enfant.

Procidence du cordon : sortie prématurée du cordon ombilical, généralement provoquée par la perte des eaux.

Toxémie gravidique : ensemble de troubles survenant à la mère, caractérisés par de l'albumine dans les urines et de l'hypertension artérielle. Elle peut entraîner une hypotrophie du fœtus et, dans les cas graves, une fausse couche.

Tranchées : contractions douloureuses de l'utérus survenant après l'accouchement chez les multipares*.

Trompes de Fallope : fin conduit, encore appelé oviducte, qui évacue vers l'utérus les ovocytes* libérés par l'ovaire*.

Trophoblaste : nom donné aux cellules* externes du blastocyte* qui entourent le bouton embryonnaire et qui contribueront à former le placenta.

Vernix caseosa : enduit graisseux qui recouvre la peau du fœtus, *in utero*. Il a un rôle protecteur à l'égard du liquide amniotique dans lequel il baigne.

Villosités : excroissances cellulaires très fines et très ramifiées.

ZIFT : *Zygote Intra Fallopian Transfert*. Technique de fécondation *in vitro*.

Zygote : c'est la première cellule* du nouvel individu, issue de la rencontre de l'ovocyte* maternel et du spermatozoïde paternel. Il possède un noyau contenant les 46 chromosomes* de l'espèce.

Index

A

Accouchement
  coût, 29, 184
  date, 10-11
  déclenchement, 158
  déroulement, 161-169
  (à) domicile, 29
  durée, 162-163
  (à la) maternité, 29, 146
  positions, 164
  prématuré, 70, 130-131
  préparation, 132-134
  provoqué, 139, 154, 168
  signes, 158
Accueil du nouveau-né, 154, 172
Acupuncture, 155
ADN, 16
Aérophagie, 38
Âge de la mère, 39, 82
Albuminurie, 40, 102
Alcool, 73
Alimentation, 46
Allaitement au sein, 73
  au biberon, 74
Allocations prénatales, 185
  familiales, 54, 185
Aménorrhée, 8, 22, 168
Amniocentèse, 44, 86
Amnioscopie, 139
Analgésiques, 155
Analyses d'urine, 101, 130
Anémie, 117, 129
Anesthésie, 156
Angoisse, 82, 154
Animaux, 40
Anomalies, voir malformations
Assistante maternelle, 185
Aide familiale et financières, 184-185
Avantages sociaux, 184
Avortement, voir fausse couche et IVG

B

Baby blues, 176
Bassin, 111, 163
Biopsie du trophoblaste, 44
Blastocyste, 186
Bouchon muqueux, 28
Brûlures d'estomac, 38

C

Café, 24, 46
Calcium, 50, 139
Carte de priorité, 54
Caryotype, 88, 90
Cavité amniotique, voir poche des eaux
Ceinture de grossesse, 111
Cerclage, 81
Césarienne, 156, 166-167
Chant prénatal, 134
Cheveux, 52, 67, 94
Chromosomes, 19
Cigarettes, 24
Circulation sanguine, 34, 63-64, 151
Clarté nucale, 87
Cœlioscopie, 20
Cœur, 34, 60, 129
Col de l'utérus, 80, 159
Colostrum, 73, 129
Conception, voir fécondation
Congé de maternité, 72, 141-142, 182-183
  de paternité, 183
Consanguins (mariages), 85
Constipation, 38
Consultations, voir visites médicales
Contraception, 177
Contractions, 142, 158-159
Cordon ombilical, 66, 90
Corps jaune, 186
Couveuse, 131
Crampes, 38
Crèches, 55-56

Crise génitale du nouveau-né, 174
Cycle menstruel, 177
Cytomégalovirus, 42

D

Déchirure, 167-168
Déclaration de grossesse, 54
Déclaration de naissance, 178, 182
Délivrance, 165
Démangeaisons, 96
Dents, 53
Dépression, 176
Diabète, 115
Diagnostic de grossesse, voir tests diagnostics
Dilatation du col, 159, 161-162
Distilbène, ou DES, 84
Doppler, 34, 44
Dos, 111
Dosage d'alpha-fœtoprotéines, 86
Douleurs, 39, 155-157
Drépanocytose, 89
Drogue, 24
Droits de la femme enceinte, 72

E

Eaux, voir liquide amniotique
Échographie, 43, 102, 143
Éclampsie, 101
Effacement du col, 159
Embryoscopie, 44
Employeur, 72
Envies, 139
Épisiotomie, 167-168
Essoufflement, 96-97
Exercices physiques, 68-69, 111-113, 120
  de relaxation, 118-122
  de respiration, 96-98
Expulsion, 162

F

Facteur rhésus, 24
Fatigue, 38, 117
Fausse couche, 38
Fécondation, 16-18
Fécondation in vitro, 20

Fer, 51
Fièvre, 132
Fluor, 51
Fœtoscopie, 88
Fontanelle, 173
Forceps, 165, 173
Fourmillements, 38

G

Garde du bébé, 55-56
Gènes, 16, 19, 90
GIFT, 20
Glaire cervicale, 17, 28
Glucides, 46, 47
Grossesse (déclaration), 54
  durée, 7
  extra-utérine, 24
  multiples, voir jumeaux
  à risque, 81-84
Groupes sanguins, 19
Guide de surveillance médicale, 54, 146, 184
Gymnastique, voir exercices physiques

H

Haptonomie, 134
Hauteur utérine, 80
Hémophilie, 89
Hémorragie, 24, 49, 82-83, 130, 175
Hémorroïdes, 99
Hépatite virale, 40
Herpès, 116-117
HT 21, 82, 85-86, 87
Hydramnios, 187
Hygiène, 24, 71
Hypersalivation, 38
Hypertension artérielle, 116
Hypotrophie, 116

I

IAD, 21
ICSI, 20
Ictère physiologique du nouveau-né, 173
Incompatibilité sanguine fœtomaternelle, 24
Incontinence, 118-119
Incubateur, 131

Indemnités journalières, 182-184
Infections génitale, urinaire, 70-71
Insémination artificielle, 21
Insomnie, 115
Insuffisance rénale, 116
Interventions chirurgicales, 166
IVG, 41

J

Jumeaux, 19, 67, 83, 130, 166

L

Lait maternel, artificiel, 73-74
Lanugo, 94, 131, 150
Lipides, 46-47
Liquide amniotique, 65-66, 109
Listériose, 131-132
Lochies, 175

M

Maladies congénitales, 84
    héréditaires, 85
    infectieuses, 131
Maladie hémolytique du nouveau-né, 25
Maladie de Lyme, 23
Malaises, 38
Malformations, 23, 88
Masque de grossesse, 52
Maternité (arrivée à la), 161
    choix de la, 29
    départ pour, 146, 158
    séjour à la, 175
Méconium, 73, 139
Médicaments, 23
Membranes, 66, 138, 150, 161
Mensurations du fœtus, 35
Menstruations, voir règles
Minéraux, 50
Monitoring, 162
Montée de lait, 175
Mouvements du fœtus, 60, 94, 108
Mummy blues, 29
Muqueuse utérine, 12
Mycoses, 71
Myopie, 53

N

Naissances multiples, voir jumeaux
Nausées, 28, 38
Nidation, 12
Nombril, voir ombilic

O

Ocytociques, 163
Œstrogènes, 12, 17, 139
Oligoéléments, 51
Ombilic, 66
Ovaires, 8, 13, 16
Ovocyte, 12, 17-18
Ovulation, 17
Ovule, voir ovocyte

P

Paludisme, 104
Peau, 53, 94
Père, 5, 154, 183
Péridurale, 157
Périnée, 118-120
Perfusion, 163
Perte des eaux, 65, 161
Perte d'urine, voir incontinence
Peur, 154
Piscine, 69, 134
Placenta, 26, 63-65
Poche des eaux, 26, 66, 78, 150
Poids de la mère, 46-52
    du bébé, 173
Ponction du cordon ombilical, 90
Ponte 163
Prématuré, 130-131, 153
Premiers soins du nouveau-né, 172
Présentation, 138, 144-145
Prestations familiales, 185
Procidence du cordon, 166
Progestérone, 80
Protection sociale, 183
Protéines, 47

R

Rachianesthésie, 157
Radiographies, 144
Radiopelvimétrie, 154
Rapports sexuels, 69, 144, 177
Rééducation abdominale, 176
    périnéale, 176
Réflexe de fouissement, 172
Règles, 22
Reins, 68, 100, 111
Remboursements, 54
Repos, 130
Retour de couches, 177
Rétroversion de l'utérus, 176
Rhésus, voir facteur rhésus
Rubéole, 23

S

Saignements, 39, 130
Sciatique, 111
Seins, 52, 73-74
Sel, 51, 116
Sexe du bébé, 18-19, 61, 108, 127
Sida, 41, 117
Siège, voir présentation
Soleil, 103
Sommeil, 28, 94
Sophrologie, 134
Souffrance fœtale, 139
Soutien-gorge, 52
Spatules, 165
Spermatozoïdes, 16-17
Spina-bifida, 86
Sport, 68-69
Steptocoques B, 80
Stress, 68
Sucre dans les urines, 40, 116
Suites de couches, 175
Surmenage, 38, 84, 102
Syphilis, 41

T

Terme dépassé, 168
Toxémie gravidique, 101
Toxoplasmose, 40
Tranchées utérines, 175
Transpiration, 96
Transports, 102
Trisomie 21, 82, 85-87
Trompes de Fallope, 12
Trophoblaste, 44

U

Utérus, 12, 80, 141

V

Vaccins, 103
Varices, 99
Varices vulvaires, 99
Ventouses, ou vacuum extractor, 165
Vergetures, 53
Vernix, 94, 109, 152, 168, 173
Vertiges, 100
Visites médicales de l'enfant, 172, 178
    de la mère, 39, 80, 90, 102, 114, 130,
    143, 153, 178
Vitamines, 48-49
Vomissements, 28, 114
Voyages, 102-103
Vulve, 99

Y

Yeux du bébé, 19, 94, 127
    de la mère, voir myopie
Yoga, 133

Z

Zift, 20
Zygote, 18, 86

Imprimé en Italie par Rotolito Lombarda
ISBN 2501 - 978-2-501-04600-8
Dépôt légal: 79657 - novembre 2006
Nuart: 40 9543 6/02